成长，妙不可言

青岛天山小学
青岛市刘敏名班主任工作室

主编

中国海洋大学出版社
·青岛·

图书在版编目（ＣＩＰ）数据

成长，妙不可言 / 青岛天山小学，青岛市刘敏名班主任工作室主编.— 青岛：中国海洋大学出版社，2022.12
ISBN 978-7-5670-3027-5

Ⅰ.①成… Ⅱ.①青… ②青… Ⅲ.①学前教育—教学研究 Ⅳ.①G612

中国版本图书馆CIP数据核字(2021)第246639号

书　　名　成长，妙不可言
　　　　　CHENGZHANG MIAOBUKEYAN
出版发行　中国海洋大学出版社
社　　址　青岛市香港东路23号　　邮政编码　266071
出 版 人　刘文菁
网　　址　http://pub.ouc.edu.cn
订购电话　0532-82032573 （传真）
责任编辑　王　晓
照　　排　青岛光合时代传媒有限公司
印　　制　青岛国彩印刷股份有限公司
版　　次　2022 年 12 月第 1 版
印　　次　2022 年 12 月第 1 次印刷
成品尺寸　158mm×220mm
印　　张　9.25
印　　数　1~1000
字　　数　296千
定　　价　56.00元

如发现印装质量问题，请致电0532-58700166，由印刷厂负责调换。

🔍 编委会

（青岛市刘敏名班主任工作室）

主　编： 刘　敏　青岛天山小学

卢华丽　青岛天山小学

宋　臻　青岛天山小学

副主编： 李　磊　青岛西海岸新区教科院附属实验小学

张玉花　青岛八大峡小学

郑杰樱　青岛天山小学

郑奇蕾　青岛市市南区琴岛学校

王　康　青岛西海岸新区灵山卫小学

刘小钰　青岛天山小学

王维升　青岛蓝谷小学

丁曰霞　青岛西海岸新区易通路小学

王幸子　青岛澳门路小学

张新蓉　青岛天山小学

陈汝蒨　青岛天山小学

　　教育部颁布了《小学入学适应教育指导要点》和《关于大力推进幼儿园与小学科学衔接的指导意见》，山东省教育厅也印发了《山东省幼儿园与小学科学衔接实施方案》，上级文件以促进儿童身心全面适应为目标，围绕儿童进入小学所需要的关键素质，提出身心适应、生活适应、社会适应和学习适应四个方面的指导建议。

　　通过学习领会上级文件精神，刘敏老师组织工作室成员做了大量的工作，将小学入学"学校适应教育"转化为"家庭适应教育"。面向教师和家长两个层面做出关于幼小衔接方面系统化指导，研究出了教师、家长的"九字真诀"工作法：

　　教师九字真诀——

　　"细、则、巧"养习惯，

　　"静、慢、责"促自律，

　　"情、容、放"拓发展。

　　家长九字真诀——

　　"德、乐、融"养性情，

"立、防、勤"促自理，

"灵、思、学"拓见识。

在我们的研究中，教师、家长不断成长，我们撰写了这本《成长，妙不可言》。

《成长，妙不可言》分为"教师篇"和"家长篇"两部分内容，每部分都有9个主题的关键字。每章主要有4部分内容，分别是情景再现、为什么要研究这个主题、该做么做和牛刀小试。

具体来说，书中每章都是先围绕着3个从学校、家庭教育生活中常见的案例切入，引发教师和家长的共鸣，之后通过案例分析进行剖析，对之前情景再现的困惑，在"该怎么做"环节中找到症结，对症下药。每章的结束，采用"牛刀小试"的情境创设，让教师和家长运用本章所学解决实际问题，起到举一反三的作用，具有实操性。

特别是家长篇的设计，在"该怎么做"环节中，以图文并茂的形式融入了一些具体操作的方法指导，给予家长直观形象的引导，最大限度地发挥本书的作用，力求做到真正能让拿到此书的读者解决幼小衔接过程中的困惑。

序
言

　　刚刚接完吴老师的电话，心中感触良多。吴老师是位特别认真负责的新老师，对所有的工作亲力亲为，细心照顾着班中的每一个学生。可是面对一年级的新生，她却很苦恼，真是困难多多。

　　经常会有教一年级的老师与我沟通，说一年级刚入学的学生真难教：知识掌握得参差不齐，习惯不好养成，有的听不进去老师的话，有的过于呆板、拘谨。经过观察与思考，我发现是老师的目标不明确：一年级的新生应该达到一个怎样的目标？有时，我们会因为学生达不到过高的要求而焦躁；有时，要求过低又难以激发学生的兴趣。所以，运用怎样的教育方法，让学生更快地适应学校的学习生活，是老师应该学习和思考的。

　　为了帮助像吴老师这样的老师，我带领工作室的老师们结合教育部颁布的《小学入学适应教育指导要点》，以促进儿童身心全面适应为目标，围绕儿童进入小学所需的关键素质，提出身心适应、生活适应、社会适应和学习适应四个方面的教育方法，并结合多年的低年段带班经验，共同撰写了这本《成长，妙不可言》，提炼出刘敏老师"九字真诀"工作法——"细、则、巧"养习惯；"慢、责、静"促自律；"情、容、放"拓发展。

希望能够指导老师做好幼小衔接工作，共同陪伴孩子度过幼小衔接这个阶段。

  本书每一章都是由三个真实案例切入，集中体现老师在学校教育中常见的问题，之后进行剖析，找到问题根源，对症下药。每一章的结尾采用"小试牛刀"的情境创设，让老师运用所学，解决实际问题。

  我们必须善于运用教育的智慧，"九字真诀"工作法便是我们团队智慧的结晶。幼小衔接是孩子人生中的一大转折点，如果老师心中有目标，工作有方法，还有什么难的呢？

编者

2022 年 2 月

目 录

细

合抱之木，生于毫末；
九层之台，起于累土；
千里之行，始于足下。

——老子

一、情景再现

→ 镜头一

课间活动时，学生在走廊跑跳现象频繁发生，尤其是男生，经常为班级扣分。为了避免此现象、防止发生安全事故，一下课我就进入教室，并且利用班会时间反复强调不要在走廊跑跳的问题。但是每次强调之后，只能好转几天，时间一长，又恢复原样了，如此反复，问题根本没得到解决，令我甚是苦恼。

→ 镜头二

上课时，重点知识即使被反复强调，对于几位学困生来说仍然非常困难。课后数次的单独辅导收效甚微。我不明白问题出在哪里，下一步应该怎样帮助他们。

→ 镜头三

我班有一个女孩欢欢，一年级入学时，表现非常突出，在班里成绩遥遥领先。我对她非常放心。但是后来，她的学习成绩竟一落千丈，语文、数学、英语成绩均为待达标。尤其是英语，她不能完成作业，每到有英语课的日子就在家哭闹不想上学。妈妈经常心软，为其请假。即使来到学校，她也会欺骗教师，说自己肚子疼、头晕、呕吐等，要求妈妈将其接回家。最近的一次，她甚至拒绝进教室上英语课。作为班主任，我多次劝说无果，在冲动之下对其发了火。

二、为什么要做"细"

老子曰："天下难事，必做于易；天下大事，必做于细。"随着家长、教师、学生观念和思想的转变，我们的教育教学工作需要更加谨慎和细致，以此来满足学生的发展需求和新时期的课堂教学需求。

班级管理、教学工作没有什么奥秘，它不过是由一个个微小的细节组成的。讲求细节不一定能使我们成功，但成功的管理和教学必定是讲求细节的。每个班级的学生性格不同，所采用的班级管理方法也应该是不一样的，这就需要我们在工作中做有心人，对于一些出现的问题，细心观察、深入挖掘。有时候，并不是我们不去管，也不是我们不负责任，而是我们没看到、没有深入进去。所以，在日复一日的班级管理、教学工作中，我们要竭尽所能，把工作做细、做实，让我们的教育真正变得"润物细无声"。

教育离不开家长的支持，家校工作同样需要我们耐心、细致。站在家长的角度上，把握好家长的心理，这样才能使家长跟教师、学校站在同一条战线上，令我们的工作达到事半功倍的效果。

三、教师该怎么做

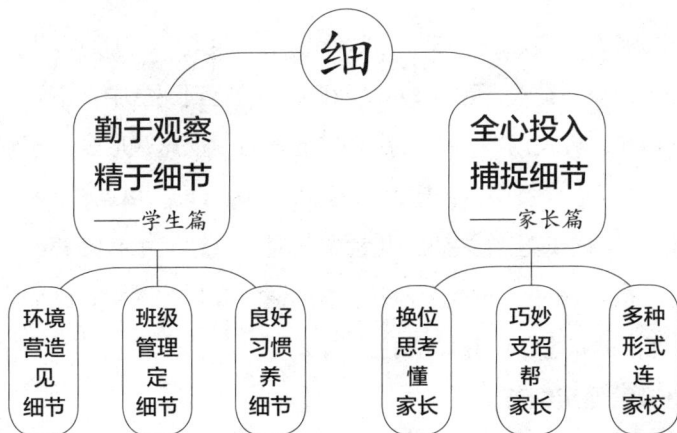

细

勤于观察 精于细节
——学生篇

全心投入 捕捉细节
——家长篇

环境营造见细节　班级管理定细节　良好习惯养细节　换位思考懂家长　巧妙支招帮家长　多种形式连家校

（一）勤于观察，精于细节——学生篇

不管面对什么样的学生，如果我们都能够根据学生的年龄特点和个人特征，走入学生的内心世界，找到问题的根本所在，再大的难题也能迎刃而解。

1. 环境营造见细节

（1）优美的教室环境。每学期初，对教室环境进行修整，让环境辅助我们的教育教学。把班级环境精心装饰、有效利用，让学生在温馨、和谐的环境中快乐成长。低年级教室可定格为"会运动的生命体"，让学生与环境做游戏。比如：一年级的学生刚入校，识字有困难，便在教室物品上贴上注音的汉字标签，让他们在潜移默化中识字。在学生适应环境之后，则侧重于展示、评比、友情提示等。此外，还可以把学生喜欢的一些元素融入环境布置，比如，将学生喜欢的漫画、动画人物形象等设置在欢乐角，或者用新元素代替一些传统的标语。在生活中我们要做有心人，可以随时搜集艺术教师的"废品"，也可以留存平时布置教室的装饰物，这样可以随时拿出来用上。力求达到：当别人走进教室，不用介绍，也无须交谈，只要留意每处环境所释放出的信息，就能读懂其中蕴涵的教育内涵和课程价值取向。

（2）温馨的课堂氛围。孩子喜欢什么样的课堂？教师可以先分析一下孩子喜欢什么——游戏、看电视、听好话。对应到课堂中，不就是玩学科游戏、看PPT、听表扬吗？如果我们在上课时用上这些形式，起码成功了50%，如果更用心地备课，听他人的指导，80%的成功率就在眼前。所以，我们要从儿童的心理出发去研究儿童。同时，在教学中教师要细心观察学生的学习状态，适时用新的教学法创造和谐、高效的课堂。比如，细心观察学生上课前的状态，用花样读书、游戏等形式提高学生的学习兴趣。

2. 班级管理定细节

班级管理包含课间纪律、教室卫生、路队、学生常规、活动参与等方

面。很多班主任平时做的大多是班级哪方面扣了分或者哪天学生没有遵守纪律，就在班里批评教育一顿。日复一日、年复一年地循环，而不去想如何改进。长此以往，班级管理不仅没有明显改善，还不利于学生的培养。班级工作繁杂而琐碎，只有把每个细节规划得井然有序，各项工作才能扎实、高效，这就需要我们对一天的工作有一个从早到晚详细的规划。下面是我的一天班级管理的安排，希望能对各位读者有所启示。

清晨：踏着第一缕阳光，我会尽量提前来到班里，目的在于稳定孩子一天的学习情绪。班级里井然有序，领读班长领读，值日生值日，作业交到排头桌上，学生在一种平静、积极的心态中开始新的一天的学习。

每个交作业的学生拿着自己的作业袋，一次性上交。这样避免一趟趟地来回跑，扰乱其他学生的学习思路。

学生将书包里的书全部取出，放到桌洞的上层。为了减轻书包的重量，我对桌洞的摆放也进行了非常细致的安排。铅笔盒也有学问，一年级的学生经常掉铅笔和橡皮，上课去捡不仅影响自己，还影响他人，所以我让他们用上"笔盒托"，把学习用品放进去，放到桌洞一侧，这样，学生不用低头就可以拿、放，方便多了。他们桌洞里的水彩笔、学具盒、剪刀、双面胶……怎么办？这些物品可以归类放到自己的工具盒里，这样一来位洞变得更整洁了，他们拿东西也方便多了！

上课：上课前，收作业的学生把作业收好。上课铃响了，一进教室，就有领读班长领着背诵课文，所以我们班学生很少回家背课文。一天有 7 节课，如果 4 节课前进屋就背课文，就是 4 课；如果只背 1 课，就是 4 遍，时间虽短，贵在坚持。任课教师来了，听，真有序；看，真整齐。有了这种课前"镇定剂"，学生很快就能进入学习状态。

上课时，我会把学生的"三姿"常挂嘴边，课堂倾听能力是主要的。我会以代币奖励学生。学生攒够 5 "元"，可以买一个"果子"，贴到教室后的"苹果树"上。

下课：下课铃一响，报课小班长马上报下一节课，提醒同学们做好课前准备。"窗长"提醒靠窗的同学开窗通风，小组长马上将桌椅排整齐，检查本组同学的课前准备以及地下的卫生。课间班长到指定位置站好。

课间操：每天由本周课间操小班长选出当天表现好的一位同学，第二天由那位同学领操，这样他们俩一起进步。

午练：中午到校，是学生练字的最佳时间。学生会在优美的曲子中静下心来，描摹字帖。教师根据描摹的质量奖励代币。

下午放学：各位班长各自将自己负责的事情做好，"灯长"关灯，"窗长"关窗，"电脑长"关电脑，卫生班长叮嘱值日生做好值日。

放学路队：由队列领诵的班干部带领学生朗诵着古诗，走出大门。

我所执教的一年级，开学初上课时，用"一团乱"来形容也不为过，学生总是嗓门很大，不论是在上课发言还是课间休息的时候，总是吵闹不断。学生常规习惯非常差，也让我感到自己的班级管理非常失败。就如镜头一，学生的跑跳问题屡禁不止。作为班主任，我意识到，必须将习惯的"细节"强调好，立下详细的规矩。为了解决这一问题，我先是对学生强调，要求学生在学校降低音量，强化学生的习惯养成。我通过班会课谈心，告诉他们只要用周围同学能听到的音量交流就可以了，使学生明确在跟同桌交流的时候用多大的音量，在小组合作交流的时候用多大的音量，站起来回答问题的时候又用多大的音量，并且辅以奖惩制度来约束。经过这样的训练，学生的秩序明显改观。

后来，我对自己的工作进行了反思。学生作为群体当中的一员，他们沉浸在自己的世界里，大声说话、随意聊天、嬉笑打闹，浑然不觉，但教师站在群体之外的角度纵观整个班级，他们的问题就会格外突出。其实还是学生的自律性和教师的约束力不够，才造成了这种情况。具体原因如下。

第一，由于班级规则制定得还不够"细"，学生日常学习生活会出现方方面面的问题。教师对大多数问题应该有预见性，把所有内容全面细致地纳入班级规则，提前立下规矩，并约定好，学生如若违反将会有什么样的惩罚，学生如若遵守给予什么样的奖励。

第二，教师没有充分利用好班干部进行管理，班干部分工不够细致，因此分身乏术。后来，每个学生都带着一个班长的小牌子。是的，人人都是班长，人人都有为集体服务的责任。学生乐在其中，我也巧妙"抽离"，一举两得。学生适应一段时间后，则可以根据学生每个月得到的代币，按照由高到低的顺序依次选拔干部，也体现了民主性。

第三，在这个过程中，对做得好的学生和做得不好的学生没有及时给予奖惩。斯金纳的操作性条件反射原理印证：如果一个操作发生后，接着给予一个强化刺激，那么其强度就增加。例如，鸽子偶一抬高头，受到强化，此后会继续抬高它的头；婴儿偶尔叫一声"妈"，妈妈便报以微笑和爱抚，于是婴儿学会了叫"妈妈"。关于操作性条件反射的消退，斯金纳总结说："如果在一个已经通过条件化而增强的操作性活动发生之后，没有强化刺激物出现，它的力量就削弱。"可见，与条件作用的形成一样，消退的关键也在于强化。例如，白鼠的压杆行为如果不予以强化，压杆反应便停止。但是如果没有进行持续的强化刺激，行为就会慢慢消退。在班级管理中，如果教师未能对学生的某一良好表现进行充分的关注和表扬，学生最终会放弃努力。因此，学生在根据教师立下的"规矩"进行实际操作后，教师应该马上对学生的行为进行奖惩，这样才能起到强化作用。

3. 良好习惯养细节

学生的习惯是多方面因素综合作用而形成的，其中，学校环境的影响占很大一部分，因此在教育教学中，如何让学生养成良好的习惯是一个重要的课题，而注重细节则是教师的首要工作。小学一年级的学生容易健忘、贪玩等，这是天性使然，习惯上的培养也不可能一次到位。因此，关注细节，于细微处帮助学生养成良好习惯，是一个值得提倡的好办法。

首先，教师应高度重视学生的卫生、日常行为等细节问题，可以单独为每个学生制定细致的纠正措施。然后，以小组为单位，制定出一套组内监督制度，把监督的任务落到每个人，以此来进行互相监督，督促学生改进。最后，制定细致的奖励制度，用班费、代币等奖励行为习惯改进较大、学习习惯优异的学生，以此帮助学生增强改进的动力。这样的细节处理能让学生自觉地在行为习惯方面变得更好。

班上有一个男孩小都，特别聪明，但又特别调皮好动。他的学习习惯比较差，上课经常开小差，偶尔还不完成家庭作业，但写作颇有自己的独特之处。他平时就喜欢各种劳动，只要有外出"跑腿"的活，更是积极过头。他平时以自我为中心，与人不善，经常欺负弱小或无故"折腾"同学，特别容易跟同学发生矛盾。同学们比较厌恶他的做法，经常跑到我的办公室来告状，但他总是流露出满不在乎的神情，不以为然。

针对小都的性格特点，平时我比较注意引导小都投入兴趣爱好中，用他喜欢的事情或者东西来引导他。往往好动、顽皮的孩子也是非常聪明的，他们有好奇心、探索世界的心。相比同龄人，他们会更敏捷，所以我们应该对他们的积极探索加以鼓励和支持。

其次，挖掘学生积极的方面，促进转化。我发现小都虽然经常犯错误，但他依然有向上的愿望。他身上还有很多闪光点，比如，做错事敢于承认，上课也会积极发言……所以我着手发掘他这些正面的可塑性，对他进行再教育。比如我会在班级活动中多为他提供表现机会，结合班级的具体情况，开展一些集体活动和竞赛，让他感到被信任，培养他的责任感。在组织活动中，他主动参与，这使他感受到自己也是班级的一分子，从而达到消除行为惰性的效果。

再次，尊重和信任学生，正确看待"反复"。一般教师对于顽皮好动的学生都会习惯性地采取惩罚的教育方法。就如镜头三中的欢欢，我在劝说无果的情况下，对她发了火，其实这样做很不好。应该耐心为他们分析道理，让他们自己做决定，从而让他们逐渐有自我意识和责任感。对他们来说，只有信任他们，才能得到他们的信任。信任他们，也是尊重其人格的表现，也只有这样，才能消除他们自暴自弃的心理。教师要耐心对待他们的错误。并且，在平时的教育中引起他们的注意，让他们学会如何与他人友好相处，学着站在别人的角度看待问题，最终成为向上向善的好少年。

马斯洛认为，人的需要由生理的需要、安全的需要、归属与爱的需要、尊重的需要、自我实现的需要构成。教师要对学生的需求了然于心，才能更好地教育学生。小都的需求主要是尊重的需要和自我实现的需要。因此，要调动他的积极性、主动性，我必须注意课堂上的评价，用发展的眼光看待他，来满足他的既定需求。当发现他今天能主动参与劳动，我就及时在同学面前表扬他；当他能主动帮助同学的时候，同学给予一声"谢谢"；当他做错事的时候，我引导他从自身出发找出不对的地方，并思考假如再出现类似情况会怎么去做；当他在家中有出色表现的时候，由家长反馈到学校，并给予鼓励……

（二）全心投入，捕捉细节——家长篇

在平时工作中，很多教师注重的往往是班级和学生，而忽视了家长一方。有的教师甚至片面地认为，只要做好自己的工作、教好自己的学生就可以了，没有必要事事向家长"汇报"。殊不知，现在的教育已无法局限于学校之内，借家长的力量更能助推我们的工作顺利开展。如果教师足够细心，捕捉到家长的需求，相信家长也会心甘情愿地为教育助力。

1. 换位思考懂家长

抓住家长会的机会，充分与家长沟通。家长平时很忙，难得有空来学校一趟，最想了解的当然是自己的孩子在校的情况。我们不妨换位思考一下，如果是你去给孩子开家长会，你会最想看到、听到一些什么内容？想必家长最不愿听的就是班主任的"一言堂"，他们希望从多种渠道了解自己的孩子在校的表现。因此，开好家长会应注意以下几个方面。

第一，要让家长有"看"的。

精心布置教室，把学生的作品、班级的荣誉张贴在墙上、陈列在讲桌上、展示在黑板上，课件上播放学生在学校的快乐生活。家长们一来，就能发现自己孩子的作品，看到班级取得的荣誉，欣赏多彩的校园生活，了解到孩子在学校发生的一切，当然喜不自胜。表面上，这是对学生的一种

赞赏，其实也是对班主任工作能力的肯定。

温馨小提示：教师平时留心给学生留下一些多彩的学校生活照片，能够见证学生的小学生活。如果教师细心做到了这一点，无形当中，家长会很感激你，而当孩子长大，再次翻看，照片就是一段美好童年回忆的承载物。

第二，争取家长配合，与教师同步。

教师要把对学生的要求传达给家长，让其在家跟教师保持一致，齐抓共管、形成合力，共同帮助学生养成好的学习习惯。比如，在家也要对孩子的坐姿、书写等各方面严格要求。如对连线题必须用直尺；对练习册等第一时间改错；对做错的题目斜划一道线，不能乱涂乱画。还有，做作业时不可以选择性地不做，每道题目都必须认真完成。家长和教师坚持不懈地，严格、规范地要求，学生才能养成好习惯。

2. 巧妙支招帮家长

现在，无论是教育方法还是学习方法，都跟以前大不相同。有的家长自己在家辅导孩子，不得要领，找不到方法。细心的教师会每天及时地给家长一些有用的指导。把学生学习的过程看作家长的再学习过程一点也不为过。每天下午我都会把当天的学习内容、重点、解题方法、易错易混点详细地整理好并发给家长，以方便家长在家正确地指导学生。临近考试，我更会细心整理、搜集专项练习题目，推送给家长，方便其在家自行练习。此外，我还会帮助家长分析试卷上的题目，学生在哪部分知识丢分多，是什么原因丢的分；一张试卷上，最应该得到的分数是哪部分分数；哪方面是需要天天坚持的，哪方面是需要集中时间重点突破的，哪方面是需要长期积累的慢功夫……这样，家长就有了努力的方向，学生也明确了前进的目标。

3. 多种形式连家校

"耳听为虚，眼见为实。"及时向家长发放家校联系本、学习汇报单、调查问卷等，让家长参与到班级事务中来，是对班级工作最好的支持。

家校联系本是教师与家长围绕学生的发展与教育进行书面联系与交流

的重要途径，因此所写内容要具体、不空泛，不能写成流水账，要侧重反映学生的变化，时间长了，联系本就成了反映学生发展的宝贵资料。通过家校联系本还可以发现家庭教育中值得注意的问题。比如，我们常在联系本上发现家长向教师所反馈的大都是孩子在知识技能上的进步问题，很少关注孩子性格、行为习惯等方面的问题，这就是十分重要的信息。通过分析研究，可以为教师设法端正家长的思想提供依据。如镜头二的情况，我们就可以利用家校联系本随时记录，向家长反映学生的这一问题，详细了解情况，找出背后的真正原因，从而找到解决的办法。

学习汇报单是有针对性地对班级该月教育教学工作的汇报，能使家长及时地了解孩子在校的学习情况，同时便于家长对班级教学工作进行监督。

调查问卷是教师根据班级管理、学生生活和学习情况设计的家长问卷。教师可以通过调查问卷了解家长对班级各项事务的态度、想法与建议，从而能够在第一时间找到解决的方法。如开学时设计的一份调查表中有这样的问题："你喜欢上小学吗？""你喜欢我们班吗？""你喜欢参加哪些活动？"这既让家长了解学生初入校时的感受，又便于教师有针对性地工作，并及时地调整工作安排。

总之，家长工作是教育教学工作中的关键一环，只要教师能够用心、细心地对待每一位家长，把换位思考落到实处，家校携手，定会为学生筑起一个温暖、有爱的成长乐园。

小试牛刀

→ 情境一

上课铃声响后，教室里还是乱成一团，学生有玩耍的、说话的，干什么的都有，完全不知道要准备好上课。

A. 大声呵斥：上课铃都响了，怎么还这么乱？不知道要上课吗？课堂纪律太差，全班同学受罚。

B. 设置课前小干部：预备铃声响后，提醒同学准备好上课所需用品，在位置上端正坐姿坐好，由领读员领读古诗文，等待教师来上课。

C. 教师提前 2 分钟到达教室，提醒学生准备好上课。

→ 情境二

放学后，虽然进行了值日分组，学生轮流打扫教室卫生，但还是打扫得不彻底，地面、卫生角还是有纸花，黑板擦得不干净。

A. 对值日小组成员进行教育，强化其劳动意识，并且罚这个小组打扫一周的卫生。

B. 让这个小组重新打扫一遍，教师全程监督，细致检查，认为合格后才允许他们离开。

C. 值日分工更加细化：将擦黑板、倒垃圾、换水等任务各分工到个人，4 排的桌椅摆放、卫生清扫分别由 4 个人负责。组长负责整体，检查各项细节，监督没有打扫干净的同学。

→ 情境三

亮亮最近总是不完成作业，学习态度非常不端正。

A. 不写作业就罚抄课文 10 遍，学习容不得半点偷懒。

B. 你看看人家小林，没有一次不完成作业，学习一直都很认真。

C. 找亮亮谈心，发现是因为最近爸爸、妈妈总是吵架，亮亮心里难受，无心学习；然后联系家长，商讨一起解决的办法。

→ 情境四

对同类型的题目，老师在上课时反复讲了好几遍，小力还是完全不会，每次都错。

A. 讲了多少遍了，怎么还不会？上课都听什么去了？把这道题改错 10 遍！

B. 利用课间时间，让成绩好的学生给小力再多讲几遍，一直到小力明白为止。

C. 对小力进行单独辅导，看看到底是哪里出的问题，找出其不会做的原因，再有针对性地去补救。

→ 情境五

我工作如此认真负责，为什么用同一张试卷考试，我们班的平均分跟别的班差距这么大？

A. 把每道题做错的学生名单和得分率统计出来，找出问题缺口和知识薄弱点，专门进行突破。

B. 这帮孩子真不行，怎么教都教不会。

C. 别的班家长素质高，都很配合，我们班家长不行。

→ 情境六

课间，小明和小强在教室追逐打闹，小明磕伤了胳膊，哭着来找你，双方争执不下……

A. 小强你总是违反纪律、追逐打闹，去后边站着去！

B. 仔细询问事情的来龙去脉，耐心听两个孩子说清楚，弄明白怎么回事后（事情往往不是表面看到的样子），发现小明胳膊本来就有伤。事后对学生加强安全教育。

C. 老师平时强调的安全问题，你们两个一点儿都没记住，回到座位上反省去。

答案

情境一：B

情境二：C

情境三：C

情境四：C

情境五：A

情境六：B

则

不以规矩，
不能成方圆。
——孟子

一、情景再现

→ 镜头一

每天早上，学生来到教室，聊天的、补作业的、往窗外张望的、哼唱小曲的、追逐打闹的比比皆是。我来到教室，维持秩序，秩序有所好转。时间一长，班级又恢复"大闹天宫"的状态。

→ 镜头二

有一次，我在班级中巡视时，发现一个学生脚边有纸花。我说："请你捡起来。"学生推三阻四说不是自己丢的。我很生气，自己捡了起来，发现有两个字，就明白是谁扔的了。但我想让他自己主动承认错误，于是我说："我喜欢诚实的孩子，是谁的，请主动承认错误，没关系的。"还是没人承认。我又说："希望扔纸屑的同学有勇气主动找我承认错误，我会原谅你的。"几节课下来，那位学生还是没有承认是他扔的。

→ 镜头三

我班小睿，上学没多久，行为习惯很差，上课自言自语，下课调皮捣蛋，作业拖拖拉拉，时常搞些恶作剧，同学们都不愿意和他玩。我和小睿家长交流，家长觉得那是他的天性，无所谓，问题也没有解决。

二、为什么要守"则"

陶行知说:"学校无小事,处处是教育;教师无小节,处处是楷模。"为人师表,身教重于言传。作为班主任,必须首先自己遵守规则、遵守规矩,才能帮助学生逐步树立起规则意识,作为班主任,要取得班级管理的成功,必须先培养好自己的规则意识,从而影响、培养学生形成规则意识。作为家长,良好的修养,良好的心理素质、文化素质、行为规范能潜移默化地影响、教育孩子。因此,必须注重言传身教、以身作则。

三、教师该怎么做

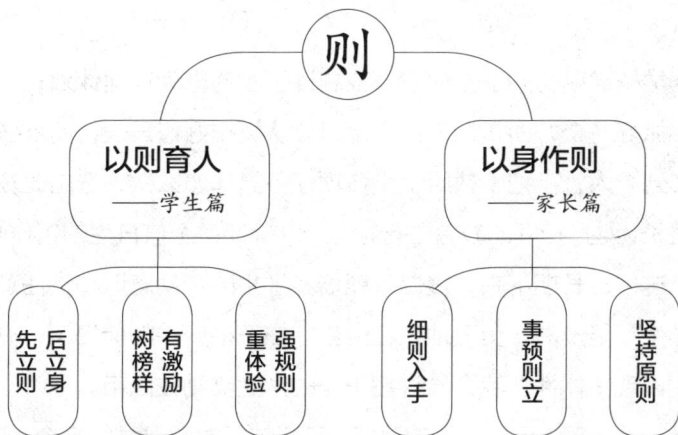

```
                    则

        以则育人              以身作则
        ——学生篇             ——家长篇

    先   后   树   有   强   重    细   事   坚
    立   立   榜   激   规   体    则   预   持
    则   身   样   励   则   验    入   则   原
                                  手   立   则
```

(一)以则育人——学生篇

孔子说过,"其身正,不令而行;其身不正,虽令不从。""不能正其身,如何正人?"教师只有自己具备良好的道德修养,才能说服学生、感染学生;教师只有以身立教、为人师表,才能确立在教育中的地位。班主任是全班学生的组织者、教育者和指导者,对创建良好的班集体、提高学生的素质、陶冶学生的情操、培养全面发展的人才,具有举足轻重的地位和作用。"亲其师，则信其道；信其道，则循其步。"喊破嗓子不如做出样子，以身作则，学生才会相信你，才会追随你。班主任和学生接触的时间长，在学生面前是一面镜子、一本书。因此规范学生的行为，首先要规范自己的行为，要求学生做到的，自己首先做到，一言一行为学生树立榜样。

1. 先立则，后立身

教育家叶圣陶说过："什么是教育？简单一句话，就是养成良好的习惯。"学校将每学期开学的第一周作为养成教育宣传周，落实在校《一日行为习惯细则》中，将规则融入班级管理中。在开学初，我就带领学生制定《班级公约》，只有立了"规矩"，才能够保证学生有所进步。抓好常规训练是实施班级管理的首要前提，良好班风的形成离不开教师的循循善诱，同样也离不开严格的管理，"以严导其行"，才能最终真正形成团结向上的优良班风。

根据学校学期初的工作要求，我制订了我的班级管理计划：从小处进行管理，抓好各个方面，如，抓好值日，认真排好值日表，而且各项任务都要落实到个人，手把手教给学生各项任务具体怎么做，选出比较负责的学生为组长，对打扫好的教室进行检查，以确保各个值日生的工作是认真、负责的。这样，长期下来，慢慢就能培养学生的劳动意识和责任意识。大部分的学生都能及时、负责地打扫卫生，在严格要求的前提下，充分发扬自主性，体现主体性。我会给打扫干净的学生奖励校园币。

知是行的先导，而行是知的目标，良好的行为习惯是知行合一的结果，而良好的行为习惯的形成是一个艰难的过程。这就需要教师从生活小事做起，一点一滴地培养学生良好的道德习惯和坚定的规则意识。

要求学生每天戴红领巾，教师首先穿着要整洁，仪表端庄。要求学生写字字迹工整，教师在板书时，要一笔一画在"田字格"上做示范。要求学生上课不迟到，教师要坚持天天早到学校，早早地在教室里等学生。要求学生尊重教师，教师首先要热爱学生，不随意挖苦学生，不挫伤学生的自尊心。学生觉得教师好，就能听得进去教师的话，在班内各项工作也容易开展了。比如，我在要求学生看到垃圾要主动捡时，我自己也要做到；要求学生遵守《小学生日常行为规范》时，自己要自觉遵守《教师一日规范》等。作为班主任，我心里装的是学生的喜怒哀乐，扮演的不仅是教师，还是严父慈母、大姐姐、老朋友。深入了解每个学生的学习、生活、思想、兴趣、特长，及时纠正偏差，培养学生良好的行为习惯。

我鼓励学生在平时多帮助别人，告诉他们知错就改，老师会更加喜欢你！在课堂上，我时刻关注并及时纠正学生错误的读书、写字姿势，告诉他们书本是我们的朋友，要时刻注意它的卫生，保持书面整洁。教育学生保持环境卫生，告诉他们打扫卫生的叔叔阿姨是多么辛苦，我们要懂得珍惜。

爱护环境、讲究卫生、不乱丢垃圾、能主动捡垃圾、维护周围的环境卫生的学生可以得到校园币，累计争得"周明星"。桌椅摆放要压线，而且要轻抬轻放，避免地上有划痕。习惯成自然，每节课下课，学生习惯性地收拾好桌面、桌洞，检查地面，然后出去喝水，上厕所，从一年级养成习惯，大家都不约而同地互相检查、提醒。现在无论课间什么时候我班的桌椅都是整整齐齐的，地面都是干干净净的。

在平日教学中，我经常通过多种形式对学生进行安全知识教育，使学生懂得安全的重要性、遵守规则的重要性，并对学生进行自救自护能力的培养。有学生追逐打闹，上下楼梯时跑，我就播放有关踩踏事件的校园安全视频给他们看，讲别人发生的意外事故给他们听，在警示他们的同时提醒他们时刻注意自己的安全。我还教给学生怎样预防火灾，遇到火灾、地震怎样逃生。学校每个月都会进行防震、防火、防灾等安全演练，学生都按照演练路线进行逃生演习，遵守规则，敬畏生命。我时刻提醒他们，要懂得保护自己的生命。

六七岁的孩子，能坐在教室里遵规守纪，听从教师的教导，专心读书、写字，也要有一个培养过程。我坚持以"文明、礼貌、纪律、卫生"八字为教学中心，坚持把爱国主义教育与"八字"方针结合起来，为了抓好这一活动，我在班里制定了课堂常规，加强培训，上课要向老师问好，有问题要举手发言，回答问题要站立，下课要说"谢谢"等。教育学生同学间要亲如手足，团结友爱，不吵架、不打人；回到家里要向家人问好，要做力所能及的家务。培养他们的礼仪，让他们学会说一些礼貌用语，如与人打招呼要用"您好"；希望别人帮忙时说"请"；不小心碰撞了别人应该说"对不起"。让学生从小学会尊重别人、关心别人、帮助别人。对表现突出的学生奖励一枚铜牌，每周小评一次，每月大评一次，使学生的文明、礼貌、纪律、卫生之花开遍了全班，使良好的班风也逐渐形成。

2. 树榜样，有激励

建立班级管理体系，发挥"小干部"的大作用，大胆放手使用班干部，制定"小干部"自我管理制度，引导树立学生"小干部"，实现学生管理学生、学生服务学生的意识。我将班级工作细化，并陪着他们开展工作。我教给卫生委员如何合理安排值日生，处处要求到细节。发现漏洞，马上整改，因为分工细致，"小干部"任务明确，所以，他们很快就形成了自己的工作习惯，基本上能独立开展工作，主人翁意识不断增强。"火车跑得快，全靠车头带"，"小干部"的积极性感染着其他学生，榜样的作用激励着其他学生。

当然，学生良好行为习惯的养成不是一朝一夕就可以做到的，必须反复抓、抓反复。通过榜样、示范的力量去争取，通过同学的相互帮扶，还要运用一定的激励去提高他们前进的动力。

镜头一里的每天早上，学生来到教室，聊天的、补作业的、往窗外张望的、哼唱小曲的、追逐打闹的比比皆是。教师来到教室，维持秩序，秩序有所好转，时间一长，又恢复"大闹天宫"的状态。

这学期我们采用校园币奖励措施，用校园币来换取为同学服务的机会，如每天有早读领读员、开关管理员、门玻璃管理员、卫生监督员、桌洞监督员、黑板管理员等，培养学生的责任心，促进学生全面发展。学生早晨来到教室，先安静地把作业交到讲桌上，然后回到座位，大声朗读课文。每天由早读领读员和监督员负责，领读员和监督员的人选就是靠自己各项努力，得到校园币换来的。学生对得到的管理工作很重视，认真履行职责，其他学生也大声朗读，好好表现，争取获得校园币。大家都遵守约定，形成良性循环，因此，现在每天早上我班总是传来朗朗的读书声。

每个学生都积极向上，争取多获得校园币，从而获得为同学服务的机会。每个学生都分担了一点自己能够做得好的事情，而且是自己愿意干的事情、引以为豪的事情，培养了他们的工作能力和规则意识。经过反复的实践，班级的凝聚力和学生的集体荣誉感得到了培养，同时也调动了一批原来在学习上比较落后、工作上比较懒散的学生的积极性、主动性。

在学生明白什么该做、什么不该做的基础上，执行的过程中还有很多困难，毕竟要让年幼的学生具有很好的自制力不是一朝一夕的事。于是，激励和表扬贯穿了我的管理工作。当看到学生主动捡起地上的垃圾时，我就表扬他心中有集体，是个爱劳动的好孩子；当看到胆小的学生主动发言时，我马上肯定他的进步，夸他是个有上进心的孩子；当好动的学生认真地听完一节课时，我摸着他的头说"我就知道你最棒的"；当学生终于有一次作业全对时，我夸赞他真是个认真的孩子……相对来说，学生喜欢得到教师的肯定，也许只是一次不经意的表扬，却可以让学生激动良久，从而有了积极向上的动力，有了上进的信心。肯定并认可他们的闪光点，使他们具有上进的动力是激励和表扬的目的。

制定规则是容易的，但要真正地落实规则并使之成为一种风气则需要长期的坚持，其中也必定有反复的出现。于是，我经常要学生问自己这样一句话——"今天我做到了，明天我还能继续坚持吗？"假如学生真的能坚持去做的话，那么让规则成为习惯是早晚的事。

3. 重体验，强规则

结合小学生的特点和他们的兴趣爱好，把规则意识渗入各种主题教育活动中，充分利用主题教育活动、道德与法治课、班会课等课，强化规则习惯培养。

3月5日是学雷锋纪念日。学校开展了"让雷锋精神在新时代闪光"

活动，学生们在网络升旗仪式上一起阅读奋战在武汉抗击疫情第一线的咸同学爸爸的抗疫日记，并利用自己擅长的方式发现、记录下冲锋一线的医护工作者、警察、社区志愿者等新时代"雷锋"的点滴事迹，赞叹"抗疫雷锋"的勇敢与担当、无私与奉献，立志成为新时代的"雷锋少年"。将"雷锋"品质化为实际的行动，以"雷锋"精神为榜样指导自己的一言一行。我们还开展了"最炫民族风"帽子节、过清明——"玩咏"赛诗会、庆六一——"玩乐"游艺场等特色活动，在活动中学生的民族精神和规则意识不断增强。为了营造一个安静、和谐的学习氛围，我还注重班级文化的建设。充分利用教室内墙，设置"书写小明星""最佳作品展"等不同栏目，展示不同内容。学生你追我赶，都想把字写好，争取早日展示。我带领学生积极参加学校组织的各项活动，如朗诵会、合唱节、运动会、"校长杯"足球赛等，让学生在活动中感受到了团结协作、遵守规则的重要性。他们不是一个人在战斗，而是全体成员都在努力，让学生在活动中收获快乐，收获成就，收获集体荣誉感。

现在的学生都很聪明，假如教师的执行力一旦形同虚设的话，他们就会"浑水摸鱼"。因此，我对学生从来都是言必行，行必果，"说到做到"让学生对班级规定不敢懈怠。

镜头二里，有一次，我在班级中巡视时，发现一个学生脚边有纸花，我说："请你捡起来。"学生推三阻四说不是自己丢的。我很生气，自己捡了起来，发现有两个字，就明白是谁扔的了。但我想让他自己主动承认错误，于是我说："我喜欢诚实的孩子，是谁的，请主动承认错误，没关系的。"还是没人承认。我又说："希望扔纸屑的同学有勇气主动找我承认错误，我会原谅你的。"几节课下来，那位学生还是没有承认是他扔的。到了放学时间，我布置完作业，走到那个学生跟前，拿起他的作业本，核对了字体，他才不得不承认错误。就这件事我在班里给学生明确了对待事情的态度，从此以后，教室内扔废纸的学生就很少见了。我从自身做起，影响学生。巡视教室地面时，看到废纸弯腰捡起，这个不起眼的动作对学生的影响是很大的。在教室里很少见到废纸，地面上有一片废纸，不管是谁的，总是有人弯腰捡起。其实习惯在于坚持，坚持才会有习惯，学生一旦养成了良好的习惯，班主任的班级管理就会取得事半功倍的效果！

教师要树立正确的学生观，尊重学生，平等地对待学生，处处以身作则，使学生感到教师是他们的同伴，是他们的朋友。教师不断完善自身的素质，用满腔热情和真诚的爱去对待学生，得到他们的积极配合，在和谐的气氛中实现师生间畅通的感情交流，就会获得理想的教育效果。

（二）以身作则——家长篇

父母是孩子最好的老师，孩子出生后最先接触到的环境就是父母所创造的家庭环境，父母的一言一行都会对孩子起到潜移默化的影响。所以，孩子最终会成为什么样的人，父母的示范作用很重要。俗话说，"近朱者赤，近墨者黑"，家庭成员的思想道德状况对孩子的影响是直接的。一个整天充斥着脏话的家庭，孩子必然出口成"脏"；相反，一个有读书习惯的家庭，孩子必定早知、早慧。另外，家庭成员间的人际关系，对孩子的身心发展也有着直接的影响。生活在一个父母关系不和谐的家庭，孩子得不到温暖、缺少爱，就容易表现得孤僻、冷漠、思想消极、学习没有劲头等；而生活在一个关系融洽的家庭中，孩子就会表现得乐观、积极向上。

1. 细则入手

有一位学生家长与我交流孩子的学习情况时，他不断诉说孩子的种种缺点：学习不认真，没有耐心，太粗心，做题很马虎，成绩总是上不去，做事磨蹭，不肯听父母的话……总之，在他的眼里，孩子一无是处。

我与家长交流，孩子在成长过程中，就像一杯没有倒满的水，我们不能总看到"一半是空的"，重要的是要看到已有一半的水，不能因为孩子一两次考试成绩上不去就全盘否定他。

每一个人都希望得到掌声受到表扬，尤其是孩子。苏霍姆林斯基曾说过："不了解孩子，不了解他的智力发展、思维、兴趣、爱好、才能、天赋、倾向，就谈不上教育。"每一个孩子都有成为一个好孩子的欲望，家庭教育就应该让孩子找到"我是好孩子"的感觉。事实上，我们要对有缺点的学生多一些宽容与赏识，多用发展的眼光看待他们，帮助学生分析落后的原因，从细则中入手，提出应对的策略，你一定会发现"那只杯子里的水越来越多"。经过多次交流，我及时汇报学生的闪光点，家长的心态也平和了，能正确看待自己的孩子了。

当然，仅仅停留于看到孩子的"另一半"是不够的，那样做不但不能促使孩子进步，反而会滋生孩子的一些不良习惯。尽管表扬和鼓励是教育孩子的有效手段，但并不是在任何场合、任何时候都奏效的"灵丹妙药"，在看到孩子的"另一半"的基础上适时、适当的表扬和鼓励，才能促进孩子健康成长。也只有真正看到孩子的"另一半"，才能从把孩子教育好的角度去真正地爱孩子，才具备同孩子的沟通的良好心理基础。父母应该理性地对待孩子，多一些平和，少一些苛刻，以平常心对待孩子的成长。还要注意呵护孩子的自信，挖掘孩子的潜能，遵循规则意识，让孩子在困境中历练。

2. 事预则立

镜头三里的我班小睿，上学没多久，行为习惯很差，上课自言自语，下课调皮捣蛋，作业拖拖拉拉，时常搞些恶作剧，同学们都不愿意和他玩。我和小睿家长交流，家长觉得那是他的天性，无所谓，问题也没有解决。

于是，我多次与家长沟通，通过交谈，了解到小睿的父母对他非常宠爱，是家里的"小皇帝"，说一不二，非常任性。找到了问题的症结，我同小睿父母又做了一次长谈，晓之以理，动之以情。家长过分地溺爱孩子，很可能会害了孩子。小睿父母恍然大悟，表示要改变这种教育方法，感谢老师及时地和他们联系，否则，后果真是不堪设想。我建议小睿父母可以跟孩子事先制定好规则，孩子做某件事之前，要让他做好充分的准备，明确需要完成的时间，一旦开始不允许以各种借口拖延时间（如来回走动、吃东西、喝水）；也可以给孩子准备一个小闹钟，定好时间限制，和他制作一张作息时间报表，要求他按照时间表做相应的事情，自我监督，遵守规矩。一段时间后，孩子树立了规则意识，逐步确立时间观念，提高了效率，起到事半功倍的作用。

有时候，学生犯了错误，大多数都会后悔，希望得到宽容、谅解。事实上，多用发展的眼光看待他们，帮助其分析症因，提出应对策略，抓住细则改正，就能使他们的潜力得到开发，而这种潜力一旦被挖掘出来，迸发出来的力量是惊人的。一个学期过去了，小睿有了明显的进步。

3. 坚持原则

当代教育家叶圣陶先生说："身教最为贵，知行不可分。"家长的一言一行都在有意无意地影响着孩子，孩子就像家长的影子一样无时无刻不伴随着家长，家长的身教常常比言教还能起作用。因此，家长要以自己的言行、思想作风、待人接物的态度，给孩子做出表率，潜移默化地影响孩子的思想品德和行为。

在平时，家长坚持正直做事、友善待人，对自己的事业不懈怠，从各个方面给孩子立标杆。以积极的态度对待工作，让孩子知道认真对待上学，无事尽量不请假。对一些简单的生活细节，家长更应时刻保持一贯的立场，不容孩子忽略，因为越简单的事情，越不容易持之以恒。大多数家长在刚开始要求孩子每天刷牙的习惯时，都会每天清早不住地叮咛，加以管束；他们以为孩子已能遵从"刷牙"这项生活习惯，叮嘱便越来越松懈，而孩子对刷牙这些机械化动作的三分钟热度已经消失，再加上父母不再理会，于是就把刷牙这一道"工序"省略了；待一段时日后，家长想起孩子最近没有刷牙，于是再次严厉地训斥，这样恶性循环下去，管教效果自然不理想。有效的做法是在家长训练孩子之初，切勿每天督促不停，让孩子自动去做，而当他的专注力开始减弱之际，再次提醒，大约三天检视一次，以确认孩子是否做到。坚持不懈，习惯就会成自然。家长对于规定要孩子做的事，要坚持严格执行的态度，无论发生任何事，已定下的规矩，都要求孩子贯彻执行。家校统一，以身作则，不只是教师的责任，为人父母者，乃至整个社会都有这方面的义务和责任。真正把学校教育与家庭教育结合起来，那么收到的效果将会更好。

班主任工作琐碎、忙碌而又快乐。当看着学生的规则意识形成了，习惯养成了，能力培养了，他们快乐，我更快乐。只要教师有爱心、耐心、恒心，坚持原则，与家长共同携手，就一定会获得理想的教育效果。

四、小试牛刀

→ 情境一

小涵上学迟到了。

A. 你迟到了！我不希望这种情况再出现！

B. 站住！你看看几点了？你才来上课！

C. 孩子，你怎么迟到了呀？迟到理由不充分啊，可惜这学期全勤奖就这么飞走了，遗憾啊！今后注意点，还可以拿周全勤奖呢！

→ 情境二

自习课上学生特别吵，教师怎么说才能让学生快速安静下来？

A. 桌子一拍，脸子一黑，声色俱厉地吼道：给我闭嘴！

B. 小齐，一直在认真看书，奖励他一枚校园币！我这还有三枚校园币，安静看书的同学就会得到。教室瞬间安静下来。

C. 你们眼里还有没有规矩？不要影响周围同学学习。

→ 情境三

小良好动，课间经常跑闹，教师应该怎么做？

A. 你怎么每次都跑、闹，能不能让我省点心？你给我过来谈谈。

B. 让小良当纪律监督员，委以重任，提醒奔跑的同学不要奔跑，他自己也以身作则，严格要求自己。

C. 说过多少次了，课间不要奔跑，多危险！

→ 情境四

学生正在操场做课间操，教师忽然发现地上有一张小纸片。

A. 小雅，你把地上的纸片捡起来，扔到垃圾箱里。

B. 你们看不见地上有纸片，不知道捡起来？

C. 教师一边让同学站好，一边轻轻地弯下腰，拾起了那张纸片，扔到了垃圾箱里。

→ 情境五

上课时，教师发现值日用的扫帚、水桶、墩布等胡乱地扔在教室的卫生角里。

A. 小林，去把卫生工具收拾好。

B. 教师讲完课后，在学生做练习的几分钟里，把凌乱的劳动工具摆放整齐。

C. 值日生，怎么做的？卫生角脏、乱、差，每人扣一枚校园币。

→ 情境六

小杰学习成绩不佳，可劳动非常积极。每次学校大扫除，他忙得满头大汗，还不停地问："老师，还有什么事要干？"

A. 干什么干？赶快补作业去！

B. 小杰，辛苦了！老师特别喜欢你现在的表现，如果你在学习上再下点功夫，就会成为一名更棒的学生。

C. 光会干活，不会学习。

答案

情境一：C

情境二：B

情境三：B

情境四：C

情境五：B

情境六：B

巧

从智慧的土壤中生出三片绿芽：好的思想、好的语言、好的行动。

——希腊谚语

一、情景再现

→ 镜头一

一年级报到时，小青同学在门口大哭，引起了我的注意。小青平时不善于和同学们交流，上课从不举手回答问题，课外活动时也一动不动。尽管如此，小青同学却能把老师说的话、交代的事情记得清清楚楚，把布置的任务认认真真地完成，并且小青的桌洞和书包一直都能做到物品摆放整整齐齐。面对这样的现状，我应该怎么帮助小青呢？

→ 镜头二

小张同学有一个比他大 4 岁、行为习惯却不太好的哥哥。刚入学的小张总是愿意模仿哥哥的行为、语言，也引起了其他同学的效仿。这为我规范班级学生的行为习惯增添了很多困难。但是小张同学为人很仗义，而且聪明活泼，愿意跟老师聊天交流。针对模仿哥哥的情况，我反复找过小张同学，但收效甚微。

→ 镜头三

小云刚上一年级，每天上学都会丢三落四，今天忘记带课本，明天忘记带鞋套……我每天都需要打电话找他的父母给他送这送那。他的父母也不得不中断繁忙的工作，开车到学校给他送所需要的物品。每次找小云谈这个问题，他总是拍着胸脯保证今后绝对将书包整理好，但是依然会丢三落四。

二、为什么要善"巧"

希腊有句谚语:"从智慧的土壤中生出三片绿芽:好的思想、好的语言、好的行动。"教育能够使智慧的土壤更加丰沃,能够使人生的旅途散发光亮,能够产生好的思想、好的语言、好的行动,能够使人在平凡中遇见奇迹与美好。教师想要达成这份美好,不仅需要付出极大的努力,还需要善"巧"得法,习得一定的教育策略和方法,巧妙地帮助学生体验到生命成长的幸福与美好。

每一位学生都是拥有独特个性的生命个体,虽然心智发育不够成熟,但他们是带着自己已有的生命体验,走进了我们所营造的教育场域。因此,在成长过程中,当学生出现问题时,教师就需要展现教育智慧,巧妙处理和化解。但是,教师在处理教育问题时,往往思考问题不够深入,不能理解学生的心理需求,采取了简单、粗暴的处理方法,换来的只能是学生的反叛、抗拒与不信任。当我们沉下心来,在教育工作中运用恰当的教育方法来巧处理,这些问题的解决就更轻松、更有效。我们通过发挥教育智慧,巧妙运用教育方法,使教育在学生心中悄然而真实地发生。这样,不但能走进学生内心,增强师生间的感情,而且能建立起和谐、融洽的班级氛围,更能使学生体验到归属感、安全感以及生命成长的幸福感。每一位学生的背后都承载着一个家庭的期盼,家庭永远是教育中绕不开的话题。苏联教育家苏霍姆林斯基曾说过:"最完备的教育是学校教育与家庭教育的结合。"的确如此,在学生的成长过程中,良好的家校关系是教育成功的基石与保障。在做家校工作时,要讲技巧、巧沟通、妙处理。我们应当理解当下家长的焦虑情绪,认真倾听家长的诉求,设身处地地理解家长的感受与心情,寻找恰当的教育方法,巧妙化解家长所遇到的教育问题,真正实现家校共育、共建、共生!

三、教师该怎么做

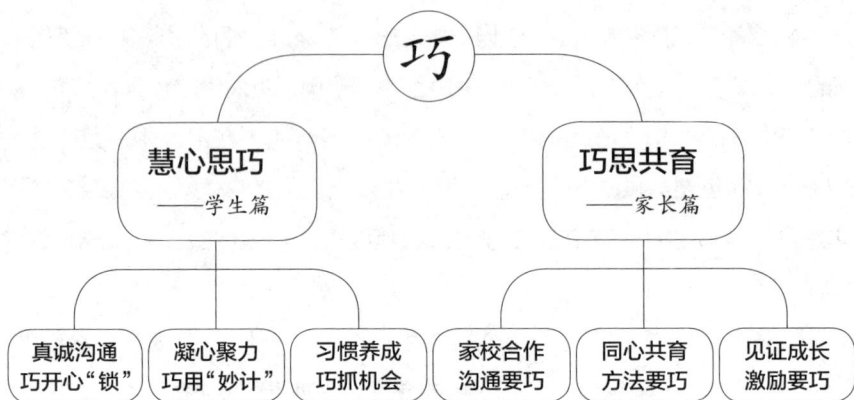

```
                          巧

        慧心思巧                    巧思共育
        ——学生篇                   ——家长篇

  真诚沟通    凝心聚力    习惯养成    家校合作    同心共育    见证成长
  巧开心"锁"  巧用"妙计"  巧抓机会   沟通要巧    方法要巧    激励要巧
```

（一）慧心思巧——学生篇

爱因斯坦说过："能培养独创性和唤起对知识愉悦的，是教师的最高本领。"教师所要面对的是独特而富有生命张力的教育对象，复杂而又充满动态的教育过程，需要不断地运用教育智慧，巧妙地面对一系列的教育活动，提升教育效果，绽放教育"妙"花。

1. 真诚沟通，巧开心"锁"

教育得用心思，得巧用心思，更得用巧心思，一个"巧"字让我们的沟通多了些智慧，多了些真诚，多了些"不经意"的美好。每一个孩子都是美好的生命个体，都有蓬勃向上的生命力量。

镜头一里的小青是个与众不同的孩子。一年级报到时，小青同学在门口大哭，引起了我的注意。小青平时不善于和同学们交流，上课从不举手回答问题，课外活动时也一动不动。尽管如此，小青同学却能把老师说的话、交代的事情记得清清楚楚，布置的任务认认真真地完成，并且小青的桌洞和书包一直都能做到物品摆放整整齐齐。

面对小青同学，我觉得这一定是一个特别的孩子，安静、内敛是他的长处，我们要做的是发挥他原本的性格优势，同时带着他、引领他感受一个更多姿多彩的世界。确定了方向后，我做的第一件事是主动成为小青在这个班级里的第一位朋友。学生对于朋友的定义特别简单，让他感受到你用真心爱他、对待他，他就会信任你，愿意和你在一起。这里还有一个小"窍门"：让学生感受到老师对他好像和对别的同学不一样。于是在日常的学习生活中，我会经常摸摸他的小脑袋，拉拉他的手；当他穿戴整齐地来到学校后，我会夸他今天看起来很精神、很帅气；下课偷偷把他叫到身边，给他一颗小糖果……慢慢地，这种"只对他的爱"拉近了我们的距离，下课的时候，他会仿佛若无其事地走到我的办公桌前站一会儿，我就趁势夸夸他或者跟他聊两句。虽然我很少得到他的语言回应，但是我会从他的眼神中感觉到他愿意并喜欢和我相处。我们的心近了、更近了……

小小的改变，使我认识到：在班级中只有我是他的朋友可不行，我要继续同他一起"找朋友"。因为小青有明显的闪光点，我每次都会抓住他的"闪光时刻"在班级同学面前"大肆"地表扬他，比如：小青作业书写得工整时，我会放在展台给全班同学展示；他站队笔直、安静时，我会让他单独出来给同学们做示范；他喜欢玩魔方，我就让他在课间给同学们做魔方表演。慢慢地，小青在班里不再是一个"小透明"，很多同学都注意到了他，有的甚至有点崇拜他。小青对于老师的表扬、同学们的小崇拜好像格外开心，并且承诺一定在下一次做得更好。与此同时，他也慢慢地在敞开心扉，虽然还是不举手回答问题，但是当老师叫到他时，他也会说出自己的观点；虽然课间活动时他还是一动不动，但是有同学邀请他加入游戏，他也会欣然接受；虽然我每次同他聊天，他都"惜字如金"，但他愿意每个课间都来到我身边，让我跟他聊两句。

这些改变，仅仅发生在一学期之内。我时常庆幸小青开学时的大哭，让我第一时间注意到他，慢慢地走近他、探索他，而他就像宝藏，不断给予我生命成长的惊喜。或许在每一位教师的职业生涯中会遇到各种各样的孩子，但我永远不会忘记在一片花海中，有小青这样一朵干净、纯洁的雏菊在努力生长着。他同我一样，向往着更加广阔而美好的世界。

2. 凝心聚力，巧用"妙计"

班风是班级成员在长期交往中所产生的一种共同的心理倾向。班风一旦形成，便会影响着每一位学生。良好的班风是班集体生命力的象征，也是一种凝聚力的体现。它能春风化雨，滋润着学生的心田，让学生在潜移默化的教育中心心相印，令班级欣欣向荣。但是，在班风形成过程中难免会出现各种各样的问题，我们需要不断修正航向，有时用上一点小"妙计"，让班级这艘大船乘风破浪、扬帆远航。

镜头二中的小张同学有一个比他大 4 岁、行为习惯却不太好的哥哥。刚入学的小张总是愿意模仿哥哥的行为、语言。与小张的家长沟通得知，家长平时工作很忙，疏于对孩子言语及行为规范的管教。最开始的时候，是小张的哥哥模仿其同学的不文明行为，并认为这样"很酷"。小张在幼儿园时就试着模仿哥哥的类似行为，但被哥哥制止了，理由是这只能是上了小学的"大孩子"才能做的，他还是"小毛孩"。为此小张就认为上了小学就是"大孩子"的象征，就可以做这些"很酷"的行为。于是小张对小学生活充满了不一样的期待，以至于刚入学就迫不及待地模仿这些不良的言语、行为。与此同时，小张同学的行为也引起了其他同学的效仿，这为我规范班级学生的行为习惯增添了很多困难。

作为一年级的班主任，当发现学生的这些言语风气时，我是很头疼的，仿佛我还没有将这群学生引向光明美好的大道，就已经有学生向着相反的崎岖小路"狂奔"了。当时我的脑海中只有三个大字：怎么办？

短暂的迷茫焦虑后，我立刻召开了一个"文明习惯伴我行"的主题班会。在会上我与学生们集中讨论了下面几个问题：什么是文明行为？在我们的学习生活中有哪些文明行为？面对不文明的行为我们该怎么做？虽然这只是一群一年级的学生，但是他们的价值认知并不浅薄，纷纷举手发言。紧接着我让学生们找一找自己身边的文明行为。有人说见到老师、同学主动问好，有人说与同伴交流要有礼貌，还有人说一起游戏时要相互谦让，不能一言不合就推推搡搡……学生用简单的语言诠释着自己的观点。我注意到这个时候的小张低下了头，于是我走到小张身旁，摸摸他的头，示意他来说说自己的观点，小张红着脸支支吾吾地说："他们把我想说的说完了。"我微笑着说："看来小张同学也认同这些文明的行为。"小张用力地点了点头。学生们还说愿意和文明的同学一起玩，不喜欢不讲礼貌的同学等。通过班会我了解到大部分的学生对于文明礼貌的行为习惯的认知是比较充分的，班会对于小部分认知出现偏差的学生也起到了纠偏的作用。

班会过后，班级里的言语、行为习惯规范了很多，小张也有改变，但是偶尔还是会出现不良行为而彰显自己的"特别"。对此，我给他推荐了几本绘本，如《大卫上学去》《一只有教养的狼》《恐龙怎样交朋友》。我还给小张布置了一个小任务，读完这几本书后讲给同学们听。小张原本表达交流能力就很不错，这样一来既锻炼了他的言语表达能力，又凭着这些正确的价值观，引导促进小张进行自我认知的纠正，又借助同伴交往的影响，督促了其他学生，可谓"一举多得"。果然，小张变了，行为习惯已走上"正轨"，家长对此感到很欣喜。我觉得还不够，得再来一剂"猛料"。于是，我在班级里开展"夸夸我身边的文明行为"活动，让学生发现身边同学的良好行为习惯，在"点赞榜"上写出来。这个活动在班级里掀起了热潮，学生们热衷于注意发现身边的"美好"，同时又努力让自己"美好"，等到让别人发现，还会对不文明行为相互提醒。全班学生积极参与其中，活动进行了一学期，他们的日常文明行为已成习惯，不需要我喋喋不休地督促，不需要家长呵斥着改变，一切都是学生发自内心的、发自认知的改变。有时候教育就需要巧用一点小小的"计谋"，就可以驱动学生自身的巨大能量。

3. 习惯养成，巧抓机会

"播下一种思想，收获一种行为；播下一种行为，收获一种习惯；播下一种性格，收获一种命运。"习惯是我们学习、生活的根基，好的习惯一经养成，会受益终生。习惯养成的关键期，正是小学阶段入学后学生所经历的每个第一次。所以，为了让学生养成良好的习惯、成就美好的未来，教师要抓住学生所经历的每个第一次的契机，巧抓习惯养成教育，让他们养成良好的生活、学习习惯。

镜头三中的小云刚上一年级，每天上学都会丢三落四，今天忘记带课本，明天忘记带鞋套……我每天都需要打电话找他的父母给他送这送那。他的父母不得不中断繁忙的工作，开车到学校给他送所需的物品。每次找小云谈这个问题，他总是拍着胸脯保证今后绝对将书包整理好，但是依然会丢三落四。这样的事情，相信很多教师都碰到过，学生忘了带东西，其父母接到电话后马不停蹄地赶来将需要的物品送到，然后，一个劲地向教师解释说："都是我的错，忘记给孩子装进书包了！"学生处于入学阶段，正是习惯养成的关键期。教师要抓住学生收拾物品容易丢三落四的时机，进行习惯养成教育。

例如，我利用班会课来了一场有趣的收拾书包大比拼。首先，带领学生回顾一下曾经学过的课文——《小书包》，引导学生明确收拾书包是自己的事情，不能让父母代劳。接着，手把手地教学生如何收拾书包，指导学生对照课程表将所需物品准备齐全，并将其进行分类。书包中的主袋分科目放置比较大而厚的课本，中袋应该放比较薄而小的练习册和试卷等，前袋应该放文具和本子，侧袋放水杯、跳绳等物品。然后，向学生讲解对书包内一些无关紧要的物品要及时清理，这样既能使书包内的空间使用合理，又能减轻负担。学生学会之后，紧接着便开始了紧张而有趣的收拾书包大赛。学生在动感的音乐中，非常有条理地将书桌上的文具、书本、物品分类有序地装进书包。这样，学生体验到了及时做好收纳整理所带来的成就感，就自然而然地认识到好习惯养成的快乐与重要性。

在习惯养成教育中，教师要和家长明确分工，生活习惯由家长在家庭中对孩子进行培养，教师做好配合，在学校督促。比如，洗手、吃午餐，不要养成孩子挑食的毛病。再如，孩子早上不起床或慢腾腾地，上学要迟到了，第一次发生时就依着孩子，让他迟到，让他尝尝迟到的滋味，知道迟到所带来的不好的后果。而学习习惯由教师在学校进行培养，家长在家做好配合督促。比如，坐姿、握笔姿势、读书姿势，"一尺，一寸，一拳头"在家也要严抓，对每一次出的错误都要及时改正。

同时行为习惯也要加强，如，按规则进行游戏，文明礼貌，人多时要主动排队，不拥挤……习惯养成必须常抓不懈，而且是家校同步严厉地抓，一定要在入学后两个月甚至更短的时间内抓起来，对学生将来的学习、生活都有好处。

习惯伴随一生，好的习惯会影响学生的一生。教师要充分重视学生的每一个第一次，把每个第一次都当成教育的良好契机。学生第一天放学回家，书包的摆放，作息时间的安排，第一次完成作业的时间、质量，第一周的巩固复习，第一次的读写姿势，第一次和同学发生矛盾，第一次考试，第一次评选……学生唯有养成好习惯，才能以全新的风貌从容应对美好的小学生活。因此，巧抓学生的每个第一次，播种一个个好习惯，才能收获精彩的人生。

（二）巧思共育——家长篇

德国教育家福禄贝尔有一句名言："国民的命运与其说操纵在掌权者手里，不如说是掌握在母亲手中。"教育始于家庭，儿童"三观"的形成始于家庭。对于儿童成长而言，家庭是他们人生的第一所学校，父母是第一任教师。在孩子的身心成长中，家庭发挥着不可替代的作用。教师作为连接学校和家庭的纽带与桥梁，应与家长同心共创适宜孩子生命成长的教育场域，巧妙化解和处理孩子成长过程中的一切问题。

1. 家校合作，沟通要巧

在与家长的沟通中，教师要手握三把"金钥匙"：沟通态度上要不卑不亢，相互尊重；沟通过程中站同一立场，共情协商；沟通方式要恰当、有效，可以采取"一对一"沟通、召开家长会、发放家校联心函等方式。这三把钥匙可以打开通往家校合作的大门。

召开家长会是班主任与家长沟通的最有效方式。家长们平时很忙，难得有空来学校一趟，最想了解的当然是自己的孩子在校的情况。但家长们最不愿听的就是班主任的"一言堂"，希望从多种渠道进行了解。因此，开好家长会应注意班主任要少说，腾出时间给家长说。

给家长以说话的机会，家长会有被尊重的感觉。虽然有些家长会借故推辞，但内心还是会很高兴的。这样一来，家长与班主任的关系也拉近了。通常我会提前告知家长讲话的主题，并进行交流。主题来源：家长们的热点问题。针对个别家长对班级的个别意见交流沟通。"三个臭皮匠，顶个诸葛亮"，"仁者见仁，智者见智"，家长们的谈话对于我们开展班级工作是大有促进作用的，其他的家长也能够从中受益。

另外，家校联心函也是一个很好的沟通窗口，一个既可以"窥探"家庭教育的情况，又可以洞察学校教育情况的窗口。比如，让学生在母亲节、父亲节等重要节日制作精美卡片，将对父母的感激之情写下来，达成一次心灵的交汇；在发现学生的一些问题后，比如上网、买零食、放学不回家而聚堆玩，就及时通过家校联心函与家长沟通，使家长感到班主任工作细致，促使家校双方在教育价值取向和教育观念等方面达成共识。很多时候，多创造机会主动去和家长沟通，加强家校联系与配合，是有百利而无一害的事情。

2. 同心共育，方法要巧

多年的班主任工作使我深深地感到，一个班集体要充满朝气，要有很强的凝聚力，光靠班主任一个人的力量是远远不够的，必须巧用方法，让家长和我们心往一处想、劲往一处使。古语有云："三人行，必有我师焉"，班级中的家长来自社会的各个阶层，不乏各种人才，班主任巧借力，比如，开设家长讲堂，建立家长志愿者小队，组织社会实践活动等。我的原则是发挥专长、提升人气。有的时候，发现个别学生近期在班里由于某件事情而人气下滑，受到同学冷遇。这时，我会让其家长来班级，帮助该学生提升人气，尽快融入班集体。我感受到只要是为孩子做事，家长的力量是无穷无尽的。我们班的夹子、环保购物袋、班服、演出服等都是家长送的、帮忙买的，换黑板、为表演的学生化妆、运教材、借录像机等都是家长做的。有的家长表示："我没有什么特长，也没什么关系，但我能为孩子的活动做后勤工作。"家长的能力是不可估量的，在家长的大力配合下，学生的学习生活变得绚丽多姿。通过活动，学生与家长之间也增进了了解。

3. 见证成长，激励要巧

"花朵并不梦想蜜蜂的到来，它只管尽情地开放，它开放了，蜜蜂就来了。"在成长的道路上，我们并不孤单，总有人与我们并肩前行，而这记录成长的脚步需要被时刻铭记。在见证孩子与家长的每一次成长中，教师要及时激励和表扬。表扬班级中在方方面面取得进步的学生，感谢家长帮助学生、班级进步所做出的努力。这会让家长产生一种归属感，从内心深处爱上班级，认可班主任。比如，制作好记录学生进步的小奖状，让家长见证孩子的进步。作为家长，谁不愿多了解孩子在校时的情况？谁不渴盼多获取孩子成长进步的信息？小奖状就能满足家长的这一需求。一张小小的卡片、一句鼓励的话语，架起了家校之间沟通的桥梁。现在我班的小奖状都贴在教室墙上，"计算小能手""阅读小博士""互助小标兵""爱班小明星"……只要是学生有进步、互相帮助、为班级做好事，就给他们发小奖状，以此见证他们的成长。到了学期末，评"十星"、三好学生，一目了然。除此之外，教师可以组织评选优秀家长，让家长带着温暖与热情和我们一起走在见证生命成长的旅程上。

世界上没有两片完全相同的叶子，也没有两个完全相同的孩子。在生命成长过程中，每个孩子都朝着不同的方向生长，这就需要教师灵动思考、巧妙行动，用教育的智慧和艺术巧妙地融入孩子的生命成长过程中，让每一个生命都能茁壮生长，让每一个稚嫩的脸庞都能绽放最温暖的笑容。

四、小试牛刀

→ **情境一**

最近在课间活动时，云哲总会出现一些不文明、不和谐的言语和行为，令班主任很头疼。

A. 对出现问题的云哲进行严厉批评，并告知家长："云哲爸爸您好，您的孩子在校言行不端，请一定教育孩子要举止文明。"

B. 下课后，进行监督提醒："在课间休息时间，同学们不能大声喧哗、追逐打闹，要做一些有益于身心健康的游戏哦。"

C. 今天我想要请同学们夸一夸咱们身边的文明行为，为有着良好行为习惯的同学点赞！同时，作为鼓励，我还特别邀请云哲同学给大家分享绘本故事《一只有教养的狼》。

→ **情境二**

刚入学的梓明，每天都会丢三落四，经常忘记带上学用的各种物品，每天都需要打电话给他父母。

A. 梓明妈妈，麻烦您监督好孩子，让孩子及时整理好书包，提醒他带齐上学所需物品。

B. 梓明，我知道你不是故意要忘记带东西的，对吗？我这有一个整理书包的小诀窍。我们一起来学习一下，好吗？

C. 梓明，你每天都丢三落四的。这种习惯非常不好，你要改正啊！

→ **情境三**

小云性格非常内向，不与同学们交流，上课从不举手回答问题，课外活动时也一动不动。

A. 小云，你要多和同学交流，多参与班级活动，只有这样你才可以融入集体呀。

B. 哇，小云，今天你穿的球鞋很酷呀，是妈妈给你买的吗？

C. 小云，你在今天得魔尺比赛中表现得真棒，同学们都为你加油鼓掌呢。大家还想再欣赏一下你的魔尺表演，可以在同学们面前展示一下吗？

→ 情境四

在美术课上，学生正在进行手工制作，班主任来到班里发现地上有很多纸花。学生对此视而不见，不知清理。

A. 这是谁搞得，太脏了，哪位同学和我一起把地面上的纸花清理干净呢？

B. 同学们，我一进门发现地上很多纸花，感觉很不舒服，这么舒适的学习环境，一下子变得杂乱起来。来，我们做个游戏，我闭上眼睛数30下，睁开眼睛看看哪一组地上最干净。

C. 我给大家10秒钟时间，过来找我认错，将地面上的纸花清理干净，惩罚打扫卫生一周！

→ 情境五

刚下书法课，小雨在刷毛笔时，将墨汁甩在同学身上，与同学争执起来。

A. 小雨，你看因为你的失误，把同学的衣服都弄脏了，赶紧赔礼道歉。

B. 小雨，你刷毛笔将墨汁甩在别人身上是不对的，更不能和同学吵架。今天要认识到自己的错误，好好改正。

C. 小雨，我从刚才的事情了解到，你是不小心才将墨汁甩在同学身上的，想要和同学解释，但没有解释清楚，造成了同学间的误会，对吗？我和你一起想办法把这件事解决好。

→ 情境六

小星上学总是迟到，每次迟到还总是编各种理由。

A. 小星，你下次再迟到的话，就不要来上学了！

B. 小星，今天怎么又迟到了呢？下次要早点出发，按时上学哦！

C. 小星，今天迟到是遇到了什么事情了吗？我们一起来想想办法，比如，调好起床闹钟，每天提前 10 分钟出门……我相信明天你一定会克服困难，按时上学的！

答案

情境一：C

情境二：B

情境三：C

情境四：B

情境五：C

情境六：C

静

学须静也，
才须学也。
——诸葛亮

一、情景再现

→ 镜头一

预备铃声响了，中、高年级的学生已经在课代表的带领下有序进行课前朗读，等候教师的到来。然而在低年级的学生中，有聊天的、玩游戏的、做手工的、争执的，甚至急着跑回教室的……当然，还有纪律委员大声而被无视的"安静！""请不要说话！"直到教师走进教室，带着怒火、扯着嗓子把学生的声音压下去，反复提醒和催促，学生才慢吞吞地翻找书包，拿出一本书，缓缓进入状态。

→ 镜头二

班里的小毅总能快速地完成作业任务，然后就开始坐不住，甚至得意地回头和其他同学说话，引来周围同学的不满。而他的作业情况实际上并不尽如人意，常常会因为粗心而出现低级错误。他也知道自己的问题，却总也控制不住自己，令人很是头痛。

→ 镜头三

午自习安排学生改错是惯例，但也是教师最累的时候。教师坐在讲桌前，学生一茬一茬地上来批改错题。排队的学生闹哄哄，讲台下面的学生也会趁教师无暇分身时不时打闹，中间还夹杂着"把我的橡皮还给我""你不要晃桌子了"，告状的孩子也是此起彼伏，学生之间的关系很难保持和谐。不仅如此，家长也经常打来电话质问学生之间的矛盾，要求教师解决类似的问题。

二、为什么要安"静"

"一所安静的学校，一间安静的教室，一位心情平静的教师和一群有自由思想的学生，是我对教育的期待。"这是特级教师吴非在《课堂上究竟发生了什么》一书中所写的话。的确，生命的美不在于它的绚烂，而在于它的平和；生命的动人不在于它的激情，而在于它的平静。唯平和，才见生命的广大；唯平静，才见生命的深远。静是一种品格，可以沉淀浮躁。静是一种智慧，能够感悟真谛。在教育界的喧哗嘈杂中，学校能够静下来，教师能够静下来，学生能够静下来，有价值的教育必然会出现。

诸葛亮说过："君子之行，静以修身，俭以养德。非淡泊无以明志，非宁静无以致远。"静水流深，不显不露。一个简单的"静"字，却蕴含着丰富的意蕴。学会安静，不仅是个人修养的体现，还带给我们美好的校园环境。思古之智者，无不在静中修身悟道。静是一种文化、一种形象、一种修养。学生要学会戒骄戒躁，静下心来专心思考，方能更加游刃有余地遨游于知识的海洋，积攒智慧的力量。

二、教师该怎么做

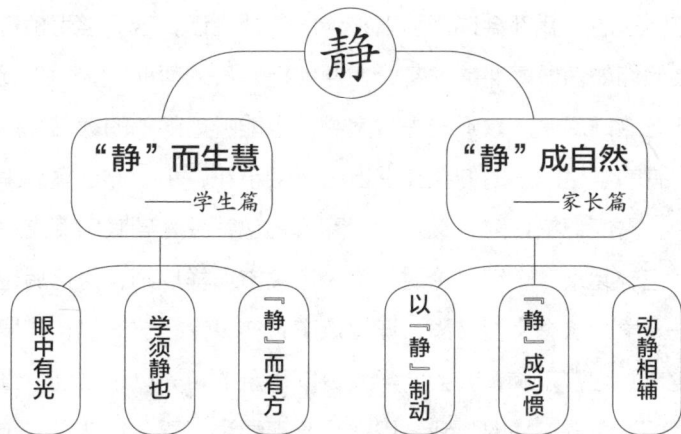

```
                    静
          ┌──────────┴──────────┐
    "静"而生慧              "静"成自然
      ——学生篇              ——家长篇
   ┌────┼────┐          ┌────┼────┐
 眼中  学须  "静"      以    "静"  动静
 有光  静也  而有方    "静"  成习  相辅
                      制动  惯
```

（一）"静"而生慧——学生篇

在学校这片净土中，教师要不断寻求"静"的智慧，让学生时时接受"静"的熏陶，处处感受"静"的环境，促使他们成为一个宽容、善良、博学、高雅的人。显然，这不是一朝一夕能够完成的任务，需要日复一日，年复一年，让"静"的文化内涵渗透、滋养学生，让学生在"静"的自然状态下更好地向阳生长。

1. 眼中有光

众所周知，低年级学生热情、活泼、爱表现，常常以自我为中心。在班级里只要有个"风吹草动"，他们立刻就会炸开锅，叽叽喳喳地说个不停。因此只有让学生先静下来，他们才会慢慢学会静心。

特别是对一年级的学生而言，从幼儿园进入小学，一切规矩都是概念，教会他们规矩最快的方法就是示范。教师要在一言一行中保持"静"的品格和气质，从而传递给学生，让学生学而静之。当教师由原本在台上的侃侃而谈，到眼里有光、沉"静"下来时，学生也似乎感觉意外。当再次看向他们每一个人时，他们也慢慢地静下来了。在这个过程中，学生由于被教师身上"静"的气质所感染，也慢慢有了规矩。

当然，课堂教学中还会出现各种各样的突发小情况，例如镜头一中的现象，每当这时，我都会选择静下来，用眼神说话，告诉学生预备铃的作用并教会他们如何做好课前准备，在课前提醒员的帮助下，学生逐渐养成了课前准备的好习惯。教师走进教室中，也能听见朗朗的读书声。而在课堂上时，有的学生时不时低头在书上画一朵小花，小手伸进桌洞里偷偷地玩个东西。需要记笔记时，又是一通翻找书包，并为到底用哪支笔纠结不已，甚至把玩起来。小组讨论时，班级像集市一样热闹，讨论后也是意犹未尽。进入学习状态又慢又浅，课堂效率着实堪忧。这时候，如果学生积极举手发言并回答正确，我会向学生投以肯定的目光以示鼓励；当学生脸上出现犹豫不决的表情时，我会用眼睛直视学生，同时点头以坚定学生的信心；当学生表情达意恰到好处时，我会颔首微笑以示赞许；当学生在课堂上表现十分精彩，我会"喜形于色"，有时根据教学内容我也会"怒形于色"；当有学生干扰课堂秩序时，我会走近该生以缩短师生间的距离，同时用严厉的目光注视学生……在课堂教学中，由于受诸多因素的制约，无声语言大有用武之地，它在育人方面具有较大的隐性教育价值。要有效地运用无声语言，教师必须要善于捕捉时机。可见，课堂教学中的非语言交流是大量存在的，对学生的潜在影响也是很丰富的，教师要不断地挖掘和运用"静"的智慧，以提高课堂教育教学的质量。

2. 学须静也

诸葛亮在《诫子书》中写道："学须静也，才须学也。"教师要在教育过程中引导学生，对待学习不能浮于表面，而要静心沉思。

镜头二中的学生小毅，是个很聪明的孩子，但同时也话也最多。在课堂上，他总是积极回答问题，表现得很活跃。他的思维很敏捷，作业完成得也很快，但是每次在学校里进行听写、写作的练习时，他总是出错，难以达到应有的成绩。特别是看图写话的内容很少，短文的用词造句更是平平淡淡。经过几次观察，我发现他喜欢提笔就写，不加思索。而且每次进行校内练习时，唯一追求的就是快，总希望自己能第一个完成。学生的想法是好的，但是光图写得快，而不管写得对不对、好不好，这样的练习显然毫无意义。

于是，我让他打开自己的写话练习，追问他问题并逐句引导他修改。他写道："早上，我和妈妈在家进行家务劳动，很快就完成了。"我提示他："通过观察图片可以知道，首先这句话是完整的，但是读起来很平淡，就像白开水一样无滋无味。你想想可以用上什么词语让这句话更加生动？"他静静地思考了一会儿说："加上一些形容词。""比如说哪些地方加什么词？""星期天的早上。""还可以加上表示心情的语句，高兴极了之类的。""这样的句式我们早就学过了，那你怎么没有用上呢？"我话音刚落，他忽然就明白了。于是，我趁机指导起来："看图写话就是要慢工出细活，先观察，再下笔，有时不要急于表达，要静心思考，活学活用，这样才能把句子写得更好。"的确如此，很多学生在学习的过程中内心浮躁，根本坐不住，很难静下心来学习。与其说"静"是一种学习环境，倒不如说"静"是一种好的学习方法。为了让更多学生爱上写话和表达，我还在班级里利用墙板开辟了一个专栏——"书写风采"。希望大家对待语文学习要有仔细、认真的态度。专栏里呈现的是学生的优秀作品，供学生欣赏。刚开始，大家看的时候还争先恐后、吵吵闹闹。但是时间一长，欣赏佳作的人多了，吵闹的人少了，因为大家知道要想细细品味，就得静静阅读。

3."静"而有方

班里有个学生叫小浩，他很聪明，但是行为不受控，时常会因为自己的想法和教师、同学的节奏不一致而情绪失控，大声哭喊，甚至摔东西。每到放学的时候，其他同学都收拾好书包准备站队放学了，他还没有收拾好，看到别人都不在教室里了，他就开始闹情绪，哭着喊着不走，导致全班其余的学生站好队了，为等着他，还是出不去。教室在二楼，我又怕他习惯性乱跑，不敢扔下他，就只能让其余的学生在室外等着，然后我去教室里催他。每次结果都是很不愉快，我生着气帮他尽快地收拾好书包，拉着他出门，跟在队伍的后面，无法管理班级队伍，所以路队也乱糟糟的。每次我们班放学都是最后一名，让人很是头疼。

后来我调整自己的心态，面对小浩，首先要做到平心静气，静心去倾听他的心声，感同身受，这样才能真正走近他。于是当他再次出现这种情况时，我不断尝试放平心态，让自己充分静下心来，温和地看着他，和他商量："老师这次不催你，你可以在教室里慢慢收拾书包，然后等着我回来接你，好吗？"打破以前的紧张气氛，让他的心情也静了下来。没想到，他安静地点了点头，说："好的。"送走其他学生后，我返回教室，微笑着轻轻问他："你收拾得怎么样了呀？要不要老师帮忙？"他说："快好了。"然后我说："那你今天再帮老师做一件事情吧，教室里还有一些纸花，你能不能帮我一起收起来？"他很高兴地说："可以。"然后我一边慢慢和他聊，一边捡纸花，出门时我问他每次放学不走就是哭的原因，他如实地告诉我他的想法。原来，他也想和其他同学一起放学出门，可是别人都比他快，所以他很怕在校门外等待他的爸爸会因此批评他。还希望我能和爸爸说明情况，让爸爸理解他，耐心等他。我感觉我们俩的距离一下子近了，简直是"化敌为友"，彼此都很开心。第二天放学的时候，我只是看着他微微一笑，提醒他我们要放学了，他就很安静地收拾好书包迅速地站在队伍里了，我们班的整体路队也安静、整齐了。其实，当学生意识到自己处于和周围的人不同节奏时，内心难免会感到不安全，情绪失控实际上是因为内心的不安和着急，教师这时如果再来和他强调这一情况，只会让学生内心更加焦躁不安。或许教师看到的是全班的路队因为这一个学生而放慢速度，内心着急万分。可是当教师静下心来，和他平心静气地对话，通过平和亲切的语言让学生感受到心安，倾听学生的心声，巧妙地拉近与学生之间的距离，他会慢慢静下来，做自己该做的事情，班级整体的节奏也不会再因为他而慢下来。教师要学会静心思考，寻求方法，有针对性地进行个别教育引导，运用"静"的智慧让学生理解和认同教师的要求，从而达到更好的教育效果。

低年级阶段的学生总是明显地表现为参差不齐，教师既要关注班级整体学生的状态，又要兼顾个别化的差异，让学生逐渐随着老师的引导走向平稳适应。

（二）"静"成自然——家长篇

让学生静下来，不是去压抑、束缚学生，而是让他们在集体的生活中，学会相互包容、相互理解、相互尊重、相互谦让，做一个有涵养、有修养、有素养的人。

教师不仅要在学校给学生营造较为安静的校园学习环境，促使学生养成静心的习惯，还要将这种意识和方法转达给家长，与家长携手促进学生在校、在家静心学习的一致性，否则学生就会出现在家、在校表现不同的现象，学生也难以真正养成良好的习惯。

1. 以"静"制动

低年级的学生心智不成熟、情绪易波动，常常不能正确地处理好班级里的"人际关系"，同学之间打闹、斗气的现象难免会出现。经常会有家长来"兴师问罪"。学生小宇是一位聪明活泼的孩子，但就是管不住自己的小嘴巴，想到什么就脱口而出，看到什么张口就来。排队时说话，做操时说话，就连吃饭的间歇也还是在说话，整天像个小麻雀似的，还经常和周围的同学因为一点小事就吵闹起来。不少学生家长跟我反映这种情况，提出给自己的孩子调位等要求，减少该生对自己孩子的不良影响。然而他的家长对于这些反馈毫不在意，甚至说其他孩子抵制外界影响的能力弱，与自己的孩子无关。面对这种情况我改变了策略，让小宇当上了班级的纪律小委员，每天放学前由他来公布同学们的纪律表现情况。想不到这招"以静制动"，让他在学会安静学习、遵守秩序的同时，还学会了帮助他人改正不良习惯，班级管理的效果有了明显的改善。我主动联系他的家长，说明了他的改变，并希望家长能够继续引导、教育他努力争做好榜样，带给别人好的影响，自己也会更快乐。他的家长态度有了极大的转变，交流起来也不再带有情绪，还悄悄告诉我："老师，今天孩子回家告诉我们，他上课不随便讲话了，因为要管别人，自己先得有好的表现，看到孩子的变化我内心很感动。"其他同学的家长也渐渐缓和了态度，我不禁会心地笑了。我趁热打铁，在班级开展了"看看谁最安静"的评比，每天一评，每周一奖。一段时间下来，学生的变化可大了，遇到随便乱说的现象，大家竟然不约而同地帮助改正。学生有了转变，家长看在眼里、乐在心里，也纷纷向我传达感谢和感动，班级凝聚力也更强了。

学生的状态也是背后家庭教育的缩影，面对学生的问题，教师要主动思考其家庭教育的因素，以平和的心态与家长沟通交流，得到家长的认同，从而"以静制动"，让学生在"静"的品格上有所塑造。

2."静"成习惯

中国著名儿童教育家陈鹤琴曾说:"人类的动作十分之八九是习惯,而这种习惯又大部分是在幼年养成的,所以在幼年时代,应当特别注意习惯的养成。但是习惯不是一律的,有好有坏;习惯养得好,终身受其福,习惯养得不好,则终身受其累。"

除了在校内固定时间段的习惯培养以外,学生部分时间完成作业或学习是在家长的陪伴下进行的,因此教师还可以有针对性地结合学科特点进行家庭教育的有意引导。阅读使人宁静。为了让学生从小爱上阅读,以静的阅读方式营造良好的家庭学习氛围,我在班级开展了阅读漂流活动。每学期初,我都会让学生在家进行亲子阅读,读完把家中闲置的图书带到班级,充实到班级的图书角中。接着,我就会利用课间、午间休息的时间组织学生开展阅读分享活动。在家庭亲子阅读中,学生与书中一个个高尚的灵魂对话,净化心灵;与书中一个个智慧的方法共振,完善自我;与家长畅谈所思所感,深化亲情。在学校阅读分享活动中,学生纷纷畅谈阅读感受,交流读书心得,学生之间互相进行简单点评。通过阅读,学生在知识增长的同时开阔了视野,在发展心智的同时养成了静心的习惯。

习惯的养成需要细心、耐心的引导,"静"的习惯养成需要教师的及时评价和表扬。学生在家中的表现也要有相应的反馈和鼓励。这就要求教师及时与家长进行沟通,指导家长表扬孩子时做到具体并且真诚,不断地激励孩子有竞争意识、自我约束意识,树立自信,做到更好,家校一致,形成自然。

3. 动静相辅

常言道:"真正的平静,不是避开车马喧嚣,而是在心中修篱种菊。尽管往事如流,但每一天都涛声依旧,只要我们消除杂念,便可寂静安然。"

面对一年级的学生家长时,教师经常会被问到的问题就是"孩子注意力不集中,如何提高孩子的专注力?"家长都知道课堂 40 分钟的学习对于孩子来说十分重要,如果能有效利用课堂上的时间,那学习起来就会得心应手、事半功倍。但对于刚刚走进小学一年级的孩子来说，要保持长时间专注于学习这件事是很难实现的，特别是对于上课走神、分心的孩子，如何去提高他们的注意力，保持专注呢？这就涉及注意力维持的问题，注意力维持有几条规律，根据这些规律，"对症下药"，教师和家长便可帮助孩子保持专注。

第一，注意分为有意注意和无意注意，无意注意更省力。

通常来说，上课听讲、写作业、学习新东西，这些都属于有意注意。有意注意通俗点说就是会花费更多能量的一些注意；而无意注意就是不需要太多意志力的参与，比较省力的注意，比如看漫画书、看电视、骑自行车、做游戏。

第二，注意力带有非常明显的情绪色彩。

我们会对感兴趣的事投入更多的注意力，如果处于比较愉悦的身心状态，我们也就更容易保持长时间的注意力。虽然情绪与注意力有一定的关联，但不能任由孩子随自己的心意说不做就不做，比如说他才做了 5 分钟或者 10 分钟就说自己累了，要休息一会儿，这时需要帮助孩子维持注意力，直至完成任务。

第三，注意力是可以高效维持的。

儿童注意力维持的时间是 20 ~ 25 分钟，教师可以根据这一点来安排时间，尽量避免疲劳战，让学生长时间从事一项任务。尤其是低年级的学生，他们的大脑发育还不完全，尤其是大脑的额叶还没有发育好，大脑额叶和控制意志力相关。这就不难理解为什么小学生的教材中会有大量的图片、故事，教师也会设计很多的活动课，因为想借此吸引他们的注意力，寓教于乐。

我们经常遇到的注意力问题中，一是集中性注意力比较差，表现为分心、走神、一心多用，二是持续性注意力比较差，表现为好动、坐不住、把简单的题目做错。这种分类可以帮助我们了解学生在哪个方面比较薄弱，然后有针对性地对学生进行训练。

由于低年级阶段学生好动的特点突出，如果我们妄想让学生一直保持静的状态也并不符合科学规律，客观上难以实现，更不利于学生的健康成长，因此我们不应该把目光仅仅放在"静"上，而应该改变观念，在教育中实现静而有动、动静结合，让学生达到平心静气、健康成长的自然状态。要让学生达到"静"的状态，并不一定与"动"的方式完全背离。加入带有奖励性的活动可以让学生在持续注意较弱的情况下被激活，再次实现动静状态的良性转化。特别是对于低年级学生来说，长时间保持专注学习很难，需要有休息和娱乐适当调配，也需要积极的心理暗示。当学生发现自己已经得到了充分的游戏时间，对午自习的学习任务就不再抗拒。这个时候没有交头接耳的打扰，学生的课堂作业的准确度也更高了。例如，家长可以仿照学生在校的午后健步行活动，和孩子进行饭后散步，陪孩子读书、预习，感悟生活的美好。同样地，当孩子在家长面前出现注意力不集中、坐不住的情况时，家长也可以采用与教师类似的做法，让孩子出去走一走、活动一下，转换一下精神状态，动而有静，在这样动静结合的活动中让孩子体会到快乐，同时也在喜悦中实现自然生长。

"静"是一种智慧，"静"是一种方法，"静"是一种习惯，更是一种在"动"的辅助下生成的一种自然状态。我们只有深刻领悟"静"的含义，才能真正为学生营造静而有序的氛围，塑造动静有常的品格，成就宁静致远的人生。

四、小试牛刀

→ 情境一

班上总有那么几个学生喜欢聚堆讲话，不管是课间还是站队路上，总是需要教师反复提醒，甚至集体活动时需要将其分开站队。

A. 打电话与家长沟通，让他们反复叮嘱孩子避免和其他同学聚堆说笑。

B. 分别安排这几个学生作为课间、整理队伍、集会活动的纪律小干部，培养责任意识，先管好自己再管理他人，养成静的习惯。

C.适当减少这几个学生参与活动的机会，以示惩罚。

→ 情境二

很多学生在期末复习过程中明显浮躁，家长和教师内心十分焦急，学生却完全听不进去劝告。教师每次上复习课都要先整顿纪律，维持课堂秩序后，再进行讲解。

A.督促家长及时关注学生在家的作业完成情况和学习状态，出现错误及时纠正批评教育。

B.对于上课浮躁的学生进行点名批评。

C.联合各学科教师加强自身心态调整，表现平和，节奏放缓；同时与家长达成一致，放平心态，减少自己的焦虑情绪，营造出静心的状态示范给学生，促进其学习能动性。

→ 情境三

小伟从一年级入校开始注意力就很难集中，表现为极其活泼好动，肢体动作很多，喜欢参与各类活动，然而又不服从统一指挥，既影响自己学习又影响其他同学。无论在家还是在校，他总是一刻也不能静下心来学习或专注于一件事情。教师与家长多次沟通，家长甚至表示在家经常以打骂的方式教育孩子仍然没有效果。

A.根据他的特点，以奖励的方式多给他参与活动的机会，讲好规则和要求，动静相辅，在能够达到安静服从管理的状态下奖励他进行允许范围内的其他活动。

B.严师出高徒，对其严格约束，与其家长一起以惩罚的方式将其问题改正。

C.单独给其安排座位，上课时适当罚站使其保持听讲的注意力。

→ **情境四**

班里有一个小女孩总是非常安静，安静到上课很少回答问题，即便点名起来回答问题声音也很小。教师经过和家长沟通，了解到这个孩子在家话很多，性格也并不内向，在家和在校的表现不一，令人费解。

A. 找到该生，与其进行亲切地交流和沟通，了解她内心的想法，鼓励其在校该表现时需要大胆、自信地表现而非压抑自己、保持安静。在家中也要适当调整状态，保持一致性。

B. 告知家长孩子在校表现情况，如不主动则置之不理，给家长施加压力促使其改变。

C. 每次上课总是点名该生回答问题，多给她机会表现自己。

→ **情境五**

最近发现学生喜欢跑到卫生间里嬉戏打闹，特别是男孩子，因为教师大部分是女性不方便到男卫生间，学生的嬉闹表现尤为放肆。

A. 联系家长告知学生的表现，回家进行批评教育。

B. 抓到现行，随即令其在卫生间门口处罚站 10 分钟并进行全班检讨。

C. 在卫生间门口处等候，平静观察这几个学生的言行，以警示的眼神反复提醒。

→ **情境六**

小浩是班里个子最高的男孩，自从进入一年级以来总是表现得外向活泼，特别喜欢交朋友。但是最近发现他经常到隔壁班级串班找人玩耍，而且自以为傲，影响其他班级教师的管理和班级秩序。

A. 与其他班级教师学生达成一致，不要理会该生，避免受其影响。

B. 肯定该生广交朋友的特点，提醒该生注意时间与场合，使其懂得学校规矩和秩序，保持安静，不串班，不影响他人，养成更优秀的品质才值得骄傲。

C. 严厉批评该生并告知家长，如再有类似情况则扣罚小组分数并罚值日。

答
案

情境一：B

情境二：C

情境三：A

情境四：A

情境五：C

情境六：B

慢

无欲速，无见小利，欲速则
不达，见小利则大事不成。

——孔子

一、情景再现

→ 镜头一

即将从幼儿园进入小学的学生对于新的学习环境充满好奇，但是真正进入小学后，一些学生无法快速地适应节奏，遇到了许多困难，例如，中午吃饭速度慢；下午总是打瞌睡，影响学习；对自己的文具和各种学具总是不知道怎么收拾；总是忘带各种学习用品……在我的催促下，他们的效率却令人担忧。

→ 镜头二

课堂上，博言是一个反应特别"快"的学生，每堂课上只要我提出问题，他下一秒就会高高地举起小手。他渴望被提问。但是几次提问下来，发现他站起来后急于表达，不但语言不完整，而且时常颠三倒四，甚至忘记了自己刚才的想法和答案。然而像博言这样的"快"学生在班级中大有人在。

→ 镜头三

冉冉第一天上小学，放学的时候还没到接送点，她就离开队伍去找自己以前的好朋友去了，结果队伍解散后却怎么也找不到家长和教师。她急得哭了，围着操场外栅栏一路小跑碰到了正在焦急寻找她的我。第二天，我急着把她叫到办公室，强调了安全知识和独立意识的重要性，可在后期的观察中，冉冉不但没有进步，反而更加无助和慌乱。

二、为什么要"慢"育？

儿童在成长过程中是有一定发展规律的，每个儿童作为独立的个体有自己的特点和成长速度。孔子说："无欲速，无见小利，欲速则不达，见小利则大事不成。"做事不能只盲目追求速度，不可急功近利，只有厚积才能薄发，成功的首要条件就是积累，以少为多，以慢为快。"欲速则不达"也可以应用在儿童教育成长上。蒙台梭利说："儿童是一个自我引导按照精确的时间表在愉快与欢乐中孜孜不倦地从事着创造宇宙中最伟大奇迹的人。"相信每位教师、每个家庭都希望培养出的孩子拥有健康的身体和丰富的精神世界，期待他们人格健全，能够正确地接纳自己，直面挫折，理解和帮助他人。那么，在孩子成长的过程中，我们就不能以自己的眼光或者要求为准，而是在充分尊重每个孩子"时间表"的基础上给予他们充分的时间和空间去尝试、去发展。在这个过程中，我们还要静下心慢慢去观察孩子，为孩子下一步的发展创造条件。

"慢"教育在本质上也是对生命的尊重。卢梭说："大自然希望儿童在成人以前就要像儿童的样子。如果我们试着要颠倒这个次序，就会生产出一些不成熟、没味道或没有成熟就先腐烂的果实，造就出年轻的博士和老态龙钟的儿童。"人的生理发育和心理发育应当是平衡的，生理发育的延缓在一定程度上要求心理发育的速度也要放慢脚步，不管不顾孩子的发展程度和能力，过度急切地想要让孩子"鹤立鸡群"是不恰当的，所以当我们观察到孩子在生活中遇到难题，或者学习上碰到困难的时候，恰恰是能够帮助他们成长的黄金时刻。我们是用信任的、温暖的话语对他们说："孩子，有什么需要帮助的吗？我们慢慢来……"还是火急火燎地忙着否定他们，抱怨他们的能力不足？相信每位教师心中都有答案。"自然不性急，它只慢慢前进"，儿童养成良好的行为习惯以及培养健全人格是有一定规律可循的，也是需要时间的，倘若忽略了这些，那我们培养出的也只能是不完整的人。

三、教师应该怎样做

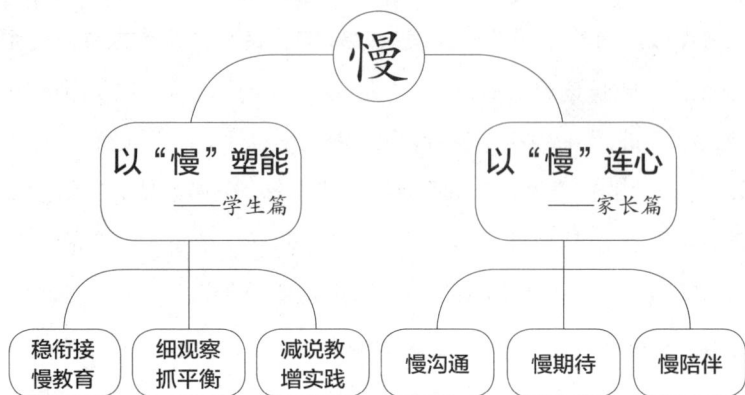

```
                        慢

        以"慢"塑能              以"慢"连心
        ——学生篇              ——家长篇

    稳衔接  细观察  减说教      慢沟通  慢期待  慢陪伴
    慢教育  抓平衡  增实践
```

（一）以"慢"塑能——学生篇

每个孩子是一粒独特的种子，他们不是任何人的复制品，都拥有自己的花期。比起静待花开，我认为"慢赏花开"一词更为贴切——缓慢地、螺旋上升式地与孩子一起成长，感受惊喜的过程。

我们曾经也都是孩子。1999 年夏天的一个午后，我从睡梦中惊醒，抓起挂在一旁的新裙子准备出发。客厅的钟表响了一声，突然发觉报到的日子是明天。这是 22 年前 6 岁的我对小学的好奇与渴望。时虽过境未迁，参加工作后脑中闪现这一场景，我忽然感慨：大概每个孩子在即将踏入校门时都是怀着难忘、激动的心情，我们有什么理由不慢下来耐心陪伴和帮助每一个特别又可爱的孩子呢？

1. 稳衔接，慢教育

踏上教师岗位后，我常接一年级学生的班。一个班级中，40 多名学生踏进新的环境，见到新的教师，不免激动又紧张，手忙脚乱也是常有的事，所以有条不紊地帮助学生完成幼小衔接，是"慢"教育的开始。

相信许多教师都碰到过自理能力堪忧的学生。正如镜头一中描述的，他们有的会将自己的个人物品杂乱无章地放置，写课堂作业的时候往往需要从课桌上抠出一个"洞"来写字；有的一听到下课铃响，铅笔、本子堆满桌，来不及收拾就往外跑，或者一收拾就来不及出教室；有的桌洞杂乱无章，什么东西都往里面塞，稍微一动桌洞里的物品就要溢出来；还有的经常忘记带课本、本子、文具、水杯……

碰到这样的学生，如果我们只对他下达"快一点"的指令，是没有作用的，反而会让他更加慌乱无措。究其原因，其实是学生没有养成良好的学习和生活习惯，或者说没有时间认真思考应该怎样做才能更加顺利。所以当接手一个新班级的时候，我会将节奏放慢，利用几节班会课的时间与学生讨论每一样物品应该放在哪里最方便取用。例如课本，是从小到大排列最方便，还是按照课表摆放最方便。学生都有自己的方法，但是无论用哪种方法，一定要把桌洞里的课本摆放整齐；学生还可以将本子、试卷分类放在文件袋、文件夹中，然后放在课本下，使用的时候抽出来即可；上课时只拿出这一堂课需要的物品放在桌角，用完立刻合上，放回原处……除了讨论和演示，我还会拿出时间来让学生模拟练习，假装早晨背书包进入教室，应该把每个物品摆放在哪里，按照自己认为最便捷的方法去做，在这个过程中我会细心观察那些速度较快的学生，鼓励他们上来介绍经验，其他学生在倾听的过程中不断吸收和改进，形成一套自理技巧。对在这个基础上动作还是稍慢的学生，我也会再多加关注，在一旁轻轻提醒，让他们慢慢地按顺序完成，鼓励他们多练习几次。

看似花费了许多时间去纠结摆放物品这一件小事，其实"磨刀不误砍柴工"，只有慢慢地说到、练到，在往后的学习生活中，学生的效率才会提高。当大部分学生都适应了自己的摆放模式，我还会与他们讨论：这个小举动让你们的学习生活有了哪些变化？学生亲身经历，自然而然地感觉到花费一点时间去思考、整理、改进，形成好习惯，会让自己的学习空间更广，课间游戏时间更充裕，心情更愉快……

忘带物品是每个学生都犯过的错误。发生这种情况的原因是什么？如何减少或者避免这样的情况发生呢？经过了解和思考，我发现，这跟学生完成作业后手忙脚乱地整理书包想要赶紧去玩，或者睡前犯困时整理书包有很大关系。在以上两种情况下，学生大多求快而忽略了很多。所以我在班会课上又利用一点时间与学生一起讨论制作了"每日携带物品表"。每天的课程表是固定的，每门课程需要的基础学具、课本也基本固定，所以我们先将每天需要携带的物品，如铅笔盒、水杯等列出，再按照每门课程一一列举，形成表格。学生每天对照课程表和携带物品表收拾书包，再将第二天需要带的特殊学具记录在作业记录本上对照携带。这样一来，虽然消耗了一点时间进行讨论和制表，但在这个过程中学生的规划能力、逻辑能力大大提高，而且减少了忘带物品的情况，甚至在讨论中学生还提出可以将一些科目的书籍或学具长期放在后橱或者桌洞中，上课前取用，减轻了书包的重量。

虽然过程缓慢，根据他们的发展特点，还会有反复的情况，但是在这样的衔接过程中，每个学生的自理能力、解决问题能力都有所提高。在"慢"教育中，他们没有受到过度苛责，逐渐适应小学生活，实现了身心的平稳过渡，潜移默化地增强了独立意识，收获了自理能力。

2. 细观察，抓平衡

无论哪个年级，哪个课堂上，相信都有一些特别"快"和特别"慢"的学生。这样的两个极端时常引发我的思考：特别"快"的学生往往追求效率而忽略质量，而特别"慢"的学生往往还没有开始，任务就结束了。

就上课回答问题来说，举手最快的学生不一定回答得最完整、最正确，来不及举手的学生未必不知道正确答案。教师需要利用上课提问来确认学生的知识掌握情况，那么，怎么办呢？

镜头二中的博言就是一个反应特别"快"的学生，然而像博言这样的"快"学生大有人在。于是课后，我分别与这些学生私下谈心。他们在交流中说到，教师提问的时候自己明明知道答案，但是举手的时候一心只想着：老师，快叫我！所以真的站起来后却有些紧张，忘记了如何组织语言，还有的学生说就想第一个举手，让老师早点看到自己，甚至在举手时忍不住发出声音，以至于对这个问题具体的思考过程被激动的情绪打乱了。

听了他们的描述，我分析：第一，他们是一些非常需要被关注的学生，不懂得教师上课提问的目的是确保学生扎实地掌握并输出知识；第二，他们的思考时间过短，没有一个完整思考的过程，也没有组织语言的习惯；第三，当他们回答完问题后，没有及时总结自己是否能够回答得更完整，也没有认真倾听，从其他同学的补充中吸取更多的方法，而是沉浸在焦急的情绪中或者等待下一次提问。

所以，我与这一部分学生约定了一个小口诀：先思考，后举手，多倾听。引导他们听到问题后一定要充分动脑思考，组织相对完整的语言，在其他同学回答或者补充回答时一定要多倾听，就像拼拼图一样将知识在心中，形成完整的版块。在班级中，除了推行这一口诀，我还会在提问前再次强调这个办法，及时鼓励回答问题有进步、语言完整、思考全面的学生。另外，及时使用小组讨论交流，让学生在一些问题中头脑风暴，碰撞火花。看似学生在课堂的学习时间拉长了，其实效率一点也不低，反而让他们收获了更好的课堂习惯和思考模式。让"快"学生慢下来、静下来的过程，让他们的知识更加扎实，而组间讨论也给了许多"慢"学生表达的空间，让他们得到了锻炼、提升了信心，他们也更敢于站起来表达。

3. 减说教，增实践

无论教师和家长怎样苦口婆心地教导，学生在生活中还是会有各种情况发生，这时候集体的力量就尤为重要。我喜欢利用有趣的班会活动引导学生在实践中打开自己，融入班级。这样，比起指挥学生快一点完成或者做到某些事，效果会更好。

镜头三中的冉冉是一个"慢性子"的孩子，平时不爱言语，不善于沟通，也找不到伙伴。她差点走丢的第二天，我很着急地就放学跟队伍的问题与冉冉进行了交流。对话的全程她一言不发，都是我在说一些安全常识和独立意识的重要性。放学时我特别关注了她，这次还是在没到放学点的时候被别人叫走了，虽然我及时将她领了回来，但是也看到她无助的眼神。这时，我意识到她对我所说的安全常识和独立意识不是一时半会儿就能接受的，想要快速地塑造她比较困难，太着急反而会让她更加慌乱。另外，对于她来说目前在新环境没有找到好朋友，曾经的好朋友对她的吸引力很大。

于是，在班会活动课上，我与学生做了一个简单的游戏：用最快的时间在教室里围成一个大圆圈。这个游戏看似容易，却发生了许多问题：本来坐在最后一排的学生为了和自己的好朋友站在一起而往前跑，女生想要和女生拉起手来……于是在一团混乱的情况下，学生用了好久才围成了一个圈。在这个过程中，我发现冉冉基本在一种茫然不知所措的状态下，糊里糊涂地站了个位置。

在第一次完成后，我们谈论了用时问题以及我在他们完成的过程中观察到的问题，学生自己也讨论出更加快速的方法：在自己座位的周围站好即可。紧接着我们就有了第二次实践，这次学生的速度更快，但是声音仍然比较大。大家都急于告诉别人应该站在哪儿。这时，冉冉遇到了麻烦，因为大家都迅速地拉起手形成了闭合，而她却不知道站在哪儿，十分无助。她并不擅长沟通，同学一时间也反应不过来是否应该放开某只手让她加入。最终过了 10 秒左右，有两位同学打开了他们的闭合，让冉冉加入了。我表扬了这两位学生，并且跟学生讨论：如果大家都不出声，有没有办法快速围成圈呢？学生心领神会，说可以用眼神交流。没错，有时候除了语言的沟通，我们也能够从别人的目光中感受到他人的需要以及想表达的内容。我们马上开始尝试，这一次教室中只有脚步声，学生对视、互相接纳，每个人都迅速地找到了自己最合适的位置。我看到冉冉温暖的笑容，她的手与两边同学的手紧紧地握在一起，他们你看看我，我看看你，对自己能完成的任务十分欣喜。

其实，完成任务的速度一直在变快，但是它已经不再重要，每个学生都在这场活动中明白我们是一个完整的集体，应该互相融入和接纳，当别人遇到困难的时候应该适当地伸出援手，当遇到困难或者不知所措的时候可以及时求助。后来，我们还利用这个游戏完成过许多交流和谈心，学生课下也很喜欢玩这个游戏。他们在围圈的过程中深入了解彼此，我也通过这样的活动更加了解每个学生。在一次又一次的尝试中，慢慢地增强了班级凝聚力。学生对万事万物的包容和接纳程度都有了很大的提高，像冉冉一样的学生也逐渐找到了朋友，融入了集体，减少了很多边缘化的情况发生。

总而言之，无论是提高效率、启发潜力，还是规范行为习惯，教师的用心是必不可少的。学生作为正在成长的儿童，势必会出现许多反复的情况，这时我们一定不要沮丧和着急，要尊重这一规律，要用自己的智慧和耐心，做学生心中的那一道光。

"慢教育"是一种神奇的力量，也是一份独特的美丽。"慢教育"让每一粒种子都能破土发芽，让每一株幼苗都能茁壮成长，让每一朵鲜花都能自由绽放，让每一个果实都能散发芬芳。让我们尊重学生的个体差异性，让"慢教育"绽放出如花景致。

（二）以"慢"连心——家长篇

焦虑的家长总能将这样的情绪传染给孩子。班级中不乏优秀的孩子，但是有些孩子却时常与家长产生许多矛盾冲突，或者总是出现过敏、湿疹等免疫力低下的身体反应……家长动辄给孩子安排满满的课外学习、一摞又一摞的试卷，让孩子喘不过气。孩子的自我意识若隐若现，家长在焦躁的心情中难以自拔，常常因为孩子在学习或者生活中的小疏漏而怒不可遏……是这些家长做得不好、不对吗？不是的，他们恰恰是最爱孩子、最负责的家长。完美的家长和孩子不存在。如果家长能够及时地修正自己的教育理念和态度，与孩子共同成长，那将成就许多自信、幸福的孩子和美满的家庭。

1. 慢沟通——肯定用心，分析原因

最常与教师沟通交流的大多是焦虑的家长，他们往往一着急就控制不住自己的情绪，在爆发中让事情变得更糟，最终求助于教师。对孩子的爱和期待让他们不再理智，所以当我与这些家长进行交流时，首先会肯定他

们对孩子的用心，能发现孩子在学习、生活、做人中出现的问题，说明他们非常关注孩子，并且愿意帮助他们去修正。只要孩子能取得进步，作为家长一定会倾其所有。在肯定的基础上再与家长们进行沟通，相信会容易许多。

家长往往只看到事情的结果就着急起来，而忽略了原因。这时候，我们就要帮助他们分析一下孩子出现问题，到底是因为什么。是否由于家长最近缺少对孩子的陪伴？是否由于家长太着急，经常否定孩子，让孩子的自信受到打击？是否课业太多让他们喘不过气？我们可以通过像朋友一样的询问和交流，挖掘孩子出现问题的原因，找到症结，再与家长慢慢商讨对策。

2. 慢期待——亲身体验，产生共情

有时，光是简单的交流可能无法让家长放下身段，真正了解孩子的成长节奏和他们正在经历的成长阶段。所以家长会就是一个组织家长亲身体验，与孩子产生共情的好途径。

在家长会上，我将平时焦虑的家长邀请到台前，站在凳子上围成背对背的圈，请其中一位扮演孩子，在家长的周围与他们对话，提出一个最简单的要求，而站在凳子上的人展现出他们在家中与孩子对话的高姿态。几经循环，家长心里都很不是滋味。他们发现孩子与自己并不只有身高的差距，作为一个学龄儿童，孩子拥有天真的思想和需要。我们用成人的眼光和标准去要求孩子迅速成长，是不公平的，也是不现实的。当孩子达不到家长期待的目标，家长难以接受，就会出现很多不良情绪，而这些情绪往往又一次伤害了孩子。

于是，我让这些家长走下凳子，与扮演孩子的家长站在一起，模拟伏下身子理解孩子立场之后的不同。紧接着，再让家长抒发一下感想。不少家长都流下了眼泪。他们有的回忆起自己的童年，他们也经历过许多困难，渴望理解和帮助；有的说自己对于孩子的高期待是不健康的，是自己付出后急切想要回报；有的说自己恍然大悟，孩子就是孩子，他们的发展节奏

不应该被家长的浮躁和攀比而被动加速……

　　一次简单的家长会活动，台上、台下的家长作为亲身经历者和观众，都和自己的孩子产生了共情。相信他们在今后的家庭教育中，一定会时常提醒自己，孩子只是孩子，不是大人，也不是别人，他们都在成长的过程中努力着，我们需要做的是引导和帮助，让他们慢慢来，而我们是他们最温暖的港湾。

3. 慢陪伴——了解规律，共同成长

　　陪伴孩子成长的过程也是家长成长的过程。而陪伴孩子学习对于很多家长来说是件头疼的事，自己的时间有限，总想着让孩子把学习任务完成得又快又好。家长不是专业的教育者，他们不了解孩子科学的发展规律，往往心急吃不了热豆腐，收效甚微。

　　在学生居家学习期间，班级中有一位爸爸向我求助，父女二人在孩子完成"听成语，画导图"的学习任务时发生了矛盾。我建议孩子使用思维导图或者录制讲故事视频的方式进行汇报。这个孩子在大胆展示学习成果方面一直缺乏积极性，不愿意做自己没有把握的事情，所以录制视频对她来说有一定难度。她提出了照着故事给同学们读，但是爸爸拒绝了这个要求，最后决定用思维导图的方式进行汇报。但是在动笔去做的时候，孩子又出现了畏难情绪。这时孩子爸爸选择了一个方式：自己先做一个，让孩子模仿。爸爸很负责任地制作了一份思路清晰、图文精美的思维导图，相信在孩子眼中此时的爸爸又高大了许多，轮到孩子模仿的时候，她照着爸爸的思维导图抄了一遍……爸爸不能接受，非常生气，急着来向我求助。

　　我听了孩子爸爸的叙述，和孩子爸爸讨论了产生问题的前因后果。孩子爸爸对孩子的各个方面都很关注，孩子学习跳舞，他都能先去学习孩子的舞蹈，再进行辅导。可是作为一个大人，我们有了大人成熟的思维方式，很多事情做得又快又好，这样无形给了孩子一些压力，所以孩子会经常说："爸爸，你为什么做得这么好，而我却不行？"我们在讨论中发现，有时候，过度地想要指引孩子的做法反而会压抑孩子探索的欲望。

经过与我的探讨，他决定学着适当地"示弱"，肯定孩子现在能够拿出来的东西，减轻孩子的心理负担。在这个基础上，我又建议家长阅读和学习关于儿童心理和发展规律的书籍，在日常生活中多观察、理解孩子，抓住孩子的成长契机，与孩子共同进步。

总之，作为教师，我们要善于利用与家长的沟通过程，不断用自己的耐心和理智帮助更多的家庭，让更多的孩子在自己的"时间表"内健康成长，让更多的家长和我们一起"慢赏花开"。

四、小试牛刀

→ 情境一：

刚开学，鑫鑫在午餐时不擅长使用餐具，用餐速度很慢，还经常把饭菜弄得到处都是。

A. 打电话通知家长，给他们详细解释自理能力的重要性，让他们在家中迅速教会孩子使用餐具。

B. 鼓励孩子慢慢学习使用餐具，再与家长沟通自理能力对于孩子在校生活的重要性，给予孩子一定时间，帮助孩子学习使用餐具，并及时鼓励。

C. 批评孩子，让他知道这样是不对的，并要求他赶紧学会使用餐具，否则将受到惩罚。

→ 情境二：

乐乐在进入小学之前，一直生活在一种极度放松的状态中，没有学习习惯和态度的培养，所以入学后她在识字方面有困难，无法独立理解题目，阅读量也跟不上。

A. 利用生活中的实物帮助孩子慢慢复现生字，教给孩子圈画题目中的重点字，多认多读，再与家长进行沟通，说说我们在学校是怎样做的，家长在家中应如何配合，家校协作逐渐提升孩子的识字量。

B. 直接给家长打电话，让家长在家中大量快速地帮孩子识字。

C. 批评学生，将他与其他学生做对比，告诉她如果再不多识字学习成绩会越来越差。

→ 情境三：

怡然在表达沟通方面有一些障碍，在遇到困难的时候不会求助，多次在队伍中走丢，在班级中也暂时没找到自己的伙伴。

A. 认为这就是孩子的性格，不表达、不沟通也可以，只要平时不出其他问题即可。

B. 打电话质问家长，告诉他们这样不行，尽快解决。

C. 耐心地进行一次家访，了解原因和孩子的情况。与家长共同制定帮助他的方案和班级活动。学生每次有一点点进步就及时鼓励，逐步帮助其融入集体、找到自信。

→ 情境四：

志光的家长因为孩子这一次的考试成绩不理想，大发脾气，并向教师打电话求助。

A. 与家长推心置腹地交流，强调孩子本次成绩不理想，抱怨孩子平日的缺点，并给孩子布置大量学习任务。

B. 安慰家长，先建议他稳定情绪，再一起分析孩子考试失利的原因，制订计划，帮助孩子逐步提升成绩。

C. 不理会，这是他们家庭教育的事，我只管在学校里好好辅导孩子就行。

→ 情境五：

皓勇在课堂上总是喜欢抢答，或者打断别人讲话，其实他的学习一点也不扎实。

A. 为了课堂的秩序应该在课堂上大声呵斥他，让他不要再这样做了。

B. 他积极回答问题应该鼓励，说对说错不要紧，当他举手的时候第一个叫他起来回答问题。

C. 找到合适的契机与他进行交流，了解他为什么这样做，并教他"先思考，后举手，多倾听"的学习方法。

→ 情境六：

班级中家长攀比成风，大量给孩子报课外兴趣班。孩子十分疲惫，影响了正常的学习生活。

A. 利用家长会与家长进行交流沟通，让家长体会到孩子现在的课业负担，适当指导家长理性选择课外兴趣班。

B. 有能力当然要多学，大力支持家长多让孩子学习课外兴趣，这样孩子能够学到更多。

C. 不予理会，这是家长和孩子之间的事，我只管学校里的学习就可以了。

答案

情境一：B

情境二：A

情境三：C

情境四：B

情境五：C

情境六：A

责

责任就是对自己要求去
做的事情有一种爱。

——歌德

一、情景再现

→ 镜头一

小阳从小就深受父母及家里老人的宠爱，自我中心意识强，占有欲强，凡事只想到自己，团队合作能力弱。每当他做错事，总是把责任推卸给其他同学，以至于经常再犯同样的错误。我和小阳的家长沟通多次，仍未解决问题。

→ 镜头二

小易是一个聪明善学的孩子，上课认真听讲、积极发言，老师讲的知识一点就通。但对于课堂作业总是拖拖拉拉，在自习课上不知道先做什么、再做什么，总是磨磨蹭蹭到很晚才开始动笔……只有在老师和家长的持续监管下，小易才可以勉强完成作业。

→ 镜头三

每次小宣在校出现什么问题，我与其家长沟通时，家长都建议我直接与孩子沟通，并相信孩子能够自己处理好。家长的放任导致小宣经常不认真书写作业，甚至有时还会完不成作业。在进一步沟通之后，我明白了问题所在：小宣的姐姐从小就很优秀，学习、生活上的事几乎都不用父母操心，所以家长认为刚入小学的小宣也会像姐姐一样能够管好自己。

二、为什么要重"责"

责任是一种职责和任务。托尔斯泰曾说过："一个人若是没有热情，他将一事无成，而热情的基点正是责任心。"在社会的舞台上，每个人都扮演着不同的角色，每种角色又都往往意味着一种责任。只有坚守初心，对自己的职业保持热爱，才能在其中体会到丰收的喜悦。

小学低年段是培养习惯、树立规则意识的关键期，教师在教育教学中因材施教，努力创造适合学生发展的条件，增加学生参与学习展示的机会，发展学生的潜能。这样，我们才能真正实现学生的全面发展。班主任要坚持立德树人，保护学生的安全，主动承担起教育的责任。

习近平总书记曾强调，"大力弘扬劳模精神、劳动精神、工匠精神""培养更多高技能人才和大国工匠"。作为小学教师，我将尽己所能，专注地做一个有良心的教师，一个充满仁爱之心、尽职尽责的教师，不断提升自己的业务能力和水平，加强平日的教育教学研究工作，追求"执着专注、精益求精、一丝不苟、追求卓越的工匠精神"，在自己的三尺讲台上发光发热。

三、教师该怎么做

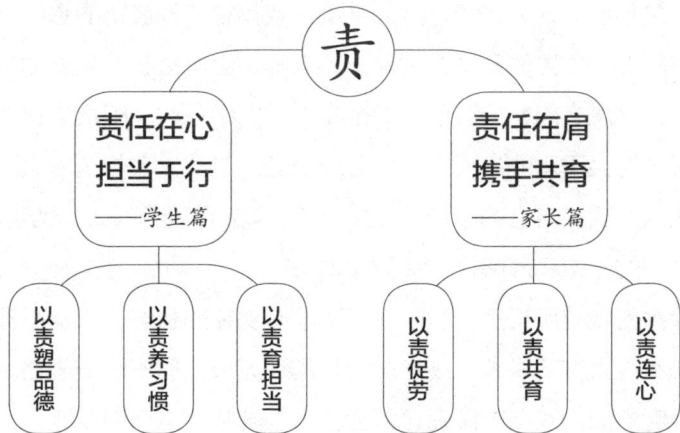

责

责任在心 担当于行
——学生篇
- 以责塑品德
- 以责养习惯
- 以责育担当

责任在肩 携手共育
——家长篇
- 以责促劳
- 以责共育
- 以责连心

（一）责任在心，担当于行——学生篇

"十年树木，百年树人。"踏上三尺讲台，也就意味着踏上了艰巨而漫长的育人之旅。要做一名好老师，首先要做一个负责任的老师。对班主任而言，责任心更为重要。教师的责任心不是轰轰烈烈地展示出来的，而是在平凡、普通、细微甚至琐碎中体现出来的。

1. 以责塑品德

邓小平说："一个学校能否为社会主义建设培养合格的人才，培养德智体全面发展，有社会主义觉悟的，有文化的劳动者，关键在教师。"教育的目标是"德才并重，以德为主"。就教育的本质而言，培养"人"远远比培养"才"更重要，"授业解惑"是老师的基本职责，更重要的是"传道"——培养学生良好的品行与道德。所以在平时教育工作中，要特别注重对学生进行品德的教育，主动担当立德树人的责任。

看了镜头一，小阳在班里的交友情况可想而知：同学大多会疏远他，甚至排挤他。记得有一次，小阳因英语老师课上没给他们小组加分，情绪很激动，把手中的铅笔扔到了前面的黑板上。课间时间，好多同学都跑来向我告状。这时，小阳委屈地趴在桌子上哭泣。我首先试着去安抚他的情绪，待他的情绪稳定后，通过谈话，我了解到他是想让英语老师给自己的小组加上奖励积分，才有了过激的举动。我肯定了他最初的想法，但也带着他换位思考：如果你是站在讲台上的老师，会怎么想？如果你是正在听课的同学，会怎么想？或者你是这个小组的同学……小阳换位思考后，看到了错误行为会引发的后果，不好意思地低下了头。我想这一次谈话应该让他真正认识到了自己的问题。趁热打铁，我给了他和全班同学解释的机会，同学们的原谅和理解让他深受感动。

这件事使我有所反思：小阳之所以能有现在的状态，和从小被溺爱的家庭环境有着直接的联系。既然与家长沟通无果，何不转变思路，从学校教育入手呢？家中长辈的溺爱可能会因为与老师的沟通而改变，但熟悉的

家庭环境很难从根本再影响到学生。

事后，我开展了一次"发现闪光点"的主题班会。学生以小组为单位，组内每人至少诚恳、认真地说出每一位成员的一条优点并记录在他的"闪光卡"上。这次活动中，小阳没想到自己也得到了他人的肯定，更有自信了。在一次次的表扬中，学生学会了更加包容地去对待别人，小阳也有了进步，懂得体谅别人、欣赏别人。学校实则是一个小社会，每一个学生都要学会与同学相处。教师要担起教育责任，引导学生塑造良好品德。

2. 以责养习惯

好习惯受益终生，坏习惯害人一生。孔子说："少年若天性，习惯成自然。"如果学生能够在少年时期养成良好的学习习惯，那么他便会将追求知识、努力学习当成生活中的一件重要事情来对待，而不需要他人再三催促。著名的教育家叶圣陶说过："什么是教育？简单一句话，就是养成良好的习惯。"习惯的力量是惊人的，它通过每天的点滴积累影响着孩子一生的发展。

镜头二中的小易是一个聪明善学的孩子，上课认真听讲、积极发言，老师讲的知识一点就通。但对于课堂作业总是拖拖拉拉，在自习课上不知道先做什么、再做什么，总是磨磨蹭蹭很晚才开始动笔……只有在老师和家长的持续监管下，小易才可以勉强完成作业。究其原因，主要是没有养成良好的习惯。

针对小易的问题，我意识到必须对他进行方法的指导，才能从根本上解决作业习惯问题。于是，我为他提供了"作业四部曲"：写—查—想—猜。首先"写"，回家把老师布置的作业完成；再"查"，是让学生当小老师，来检查自己的作业；随后再"想"，引导学生回忆一下今天的所学各科内容；最后"猜"，猜猜明天老师上课能讲些什么。通过一段时间的努力，小易体会到了好习惯带来的益处，完成作业的速度有明显的提高。每当小易高效、快速地完成当堂作业，我都会给予肯定和鼓励。渐渐地，他从班级中的"速度小尾巴"晋升到前列，作业质量也有了很大程度的提高。"作业四部曲"让小易学会了合理分配利用时间，获得了学习自信心，也养成了良好的作业习惯。

3. 以责育担当

多年的班主任经历让我看到了很多家长对孩子的过度偏袒和毫无原则的溺爱，让孩子骄横任性；很多老师对学生的尊严过度保护，让学生忘记了尊严的真正价值；学生不懂得去感受他人的处境，更不懂得如何尊重他人。这些事例折射出的是当代青少年普遍存在的责任担当严重缺失的现象。随着教学经验的增长，我感到，当老师不仅要教会学生知识，更重要的是教给学生有担当，懂得自己的责任。责任、担当是决定"大写的人"的关键。学校、班级是集体，那如何培养学生的集体观念、团队精神，让他们拥有这份担当？不妨从身边的集体活动入手。

当学校在组织一些活动时，学生由于兴奋、开心，肯定会浮躁。这时，准备一些有趣的任务就可以轻松地解决这个问题。举个例子，春天到了，春游摘草莓，在活动前，除了让学生做一下准备工作，了解一下草莓的生长过程，还可以问他们，谁在这次春游活动中想当同学们的小导游？谁来当小小解说员？谁能在这次活动中做件好事？春游回来后，应该立刻组织学生讨论，活动中看到了哪些美景？你又从活动中收获了什么？

记得，上次秋游回来，学生在一起交流时说，"我看到小刚过去提醒其他同学别在草地上乱跑，那儿有些树枝、小叉子，很容易扎着脚。""我发现我们走的时候地上还有一些垃圾没捡干净。我和丽丽又去捡了一下。""我的鞋带开了，小强提醒了我，太感谢他了。"在这种讨论中，我们不难发现，学生有了替别人着想、为别人服务的意识，除了收获了秋游、劳动的喜悦，更重要的是，有了团队荣誉感，担当起了自己在集体中的责任。

在传道授业解惑的基础上立德树人，培养学生受益终身的良好习惯，在团队合作中培养学生的集体观念。育人的道路艰巨且长，教师要担当起属于自己的那份责任，在平凡的岗位中展现不平凡的力量。

（二）责任在肩，携手共育——家长篇

每当开学季，当我们张开双臂迎接拥抱每一个孩子的时候，总能看到进进出出的家长们，带着犹豫不决的神情，迈着迟迟不肯离去的步伐，他们是多么希望自己的孩子能得到老师的关注、疼爱和呵护，在学校里过得更加快乐。这是人之常情。尽管孩子会让我们哭笑不得或麻烦不断，会让我们手忙脚乱、口干舌燥，会让我们疲惫得迈不开步伐、困扰得心烦意乱，但我们要知道，当孩子的生命与我们的生命相遇时，我们就分享着孩子的成长，感受着孩子的快乐。所以我们要时刻提醒自己，当从家长手中接过孩子时，就接过了一个家庭的希望和未来，承载了一份沉甸甸的责任。教师应该用怎样的责任心去回馈家长的期待，最大限度地助力孩子成长？

1. 以责促劳

常听人说这样一个等式：五天 + 两天 = 零。学生每周五天在学校接受教育，周末回家休息两天，就把学的各类知识全忘记了。我们也经常会听到有家长说："孩子，你就管学习，只要你把学习弄好了，什么都不用你干！"其实，孩子除了要对自己的学习有担当外，更应该参与到家庭生活中去。

首先，要动员家长，放手让孩子做一些简单的家务。刚开始，可以采用由老师统一布置作业的形式，比如，设立一个"家务劳动周"，周一打扫客厅，周二收拾厨房、餐厅，周三做道拿手菜，周四刷厕所、洗自己的内衣和袜子，周五全方位打扫一下自己的房间。可以让家长把孩子在家里劳动的场面以照片的形式发送给班主任，并用 5 分制来打分。新颖的作业形式激发了孩子的参与热情，他们干得热火朝天、兴致盎然。经过一周的劳动，家长纷纷反馈说太不可思议了。他们心里许许多多的"不可能"竟然都变成了现实，孩子的能力真不能被轻视，他们的潜力无穷大呀。有的家长难掩兴奋地说："刚吃完饭，孩子就迫不及待地擦地、扫地，连边边角角都收拾得干干净净的，很有行动力，以前真是小看他了。全 5 分好评！"

有的家长说："老师，孩子干得还行，3.5 分吧，还需要多练习，才能干好。不过，您的家庭作业比我们说多少都管用，感觉孩子一下子长大了。""老师的号召力实在是强，孩子破天荒地第一次自觉洗碗，收拾餐桌，真是太幸福了！"还有一位家长说："今天干完活，孩子说，平常不干活不知道，一干活就累得她腰酸背痛，就一个小小的茶几，收拾了整整一个半小时，简直太乱了，以后咱们家放东西不能乱放，要各种物品按类别、按地方摆放。看来以后多让她干干活，对她的一些不良习惯有好处。"在孩子做家务的过程中，一定要教家长"会装巧夸"，就是装懒惰、装惊讶，然后，适时地猛夸，"孩子，你这个都会干？""妈妈都不会，你比我强。""哇！孩子，你简直是我们家的小小顶梁柱呀！"让孩子在劳动的同时，获得成就感，责任心满满。通过参与家庭劳动，孩子感觉到自己是家庭中的一分子，有些活儿是自己力所能及的，就应该去做。助力家长培养有家庭担当的孩子，就是对家长负责。

2. 以责共育

教师是这个世界上没有功利目的，却和父母一样衷心希望孩子好的人。所以我们要让家长相信教师对孩子的爱是真诚的。这份信任感，很重要。其次，教育是需要家校合力的，我一直相信"良好的沟通促进良好的教育"。

镜头三中小宣的姐姐从小就很优秀，学习、生活上的事几乎都不用父母操心，所以家长认为刚入小学的小宣也会像姐姐一样能够管好自己。当我同家长反映小宣在校出现的问题时，家长建议让我直接与孩子沟通，并相信孩子能够自己处理好。家长的放任导致小宣作业经常书写不认真，甚至有时还会完不成作业。

针对小宣所存在的问题，我认为根本原因是家长对孩子的关注较少，对孩子了解得不够全面。小宣每天放学后都要留校练足球，与学校足球教练沟通好后，按照家长的建议，我找了一个合适的时间与小宣"单独沟通"。首先是当面检查小宣的各项作业，发现除了书写不认真的问题，还出现了很多空页。我和学生约定过，在完成学习任务的基础上，才能去参与自己的特长训练。随后的一段时间里，我陪小宣一起严格按照优秀作业的要求，把作业补完，全部完成后，已然过了足球训练结束的时间。小宣妈妈一直在校门口等待，看见夜色中牵着孩子一起走出校门的我，了解到我和孩子一起补作业到很晚，小宣妈妈先是感到惊讶，很快她开始意识到了事情的严重性。经过沟通，小宣妈妈了解了孩子目前的在校情况，也表达了对我的感激。此后，小宣妈妈更加配合我的工作，有时还会主动和我了解孩子的在校情况，在家校合力下，小宣的学习态度也有了很大的转变。

其实教师和家长都有着共同的教育原则：以高远的目标激励孩子、以严格的要求规范孩子、以实际的行动支持孩子、以平常的心态关爱孩子。家长应该理解在同样的目标下，学校和教师对下一代进行科学有效的教育，同时家长也有义务积极配合和支持。家长的责任不仅是送孩子上学，若是将教育的责任全部推到教师身上，认为教育孩子只是学校的事，这是错误的。一个合格的家长应该对子女的成长承担教育责任，因为家长是孩子的第一任教师，并且是孩子的终生教师。学校教育必须有家长的正确配合，只有这样才能提高教育的质量，取得最佳的教育效果。真正的教育，从来就不单单是学校的事情，更是家庭、学校和社会共同的责任。

3. 以责连心

疫情期间的居家学习对学生和教师来说都是人生第一次，面对突如其来的线上教学，不光学生和教师不适应，家长显得更焦虑——"老师，什么时候能回校上课啊？""老师，我们在家还需要自学新课的知识吗？""老师，这学期的知识我们能学完吗？""学生能跟上吗？"……面对家长的焦虑，置之不理无异于火上浇油，在坚决贯彻上级对疫情防控、及时关注学生情况、做好每日信息上报工作的基础上，我通过 100% 一对一与班里各家长的电话沟通，打消了家长的顾虑，做到家校连心。学校带头，各年级、各学科组老师录制网上微课供学生学习。

以我们班假期的练字作业为例，小学低年级段，基础的写字、识字、阅读、计算是必不可少的，每个学生也都在家里按照各自的计划，循序渐进地学习着。每天我都会通过微信群给每一个学生细致地点评和提出建议，哪怕再晚也没有中断过。在一次次细致地点评中，学生的书写积极性有了很大的提高，书写质量也一天比一天有进步。通过及时有效的沟通反馈，家长了解了学习的进度安排，看到了孩子每天扎实、积极地练习，每天都有进步，不再焦虑，也更愿意主动配合班级工作。

考虑到部分学生居家期间可能会长时间地玩手机、看电视，我针对学有余力的学生发起了一次班级"假期学习健康计划"活动——

语文"四个一"：预习1篇新课文，背1篇必背内容，写1页生字（用四线方格本或其他本子都可以），阅读1小时（早半小时，晚半小时）。

数学"两个一"：预习1个窗（口头说说红点、绿点问题的解题方法），练1页口算。

英语"两个一"：与父母用英文对话1句，听1首英文歌或看1部英文动画片。

健康"五个十"：跳绳或其他运动，上、下午各10分钟；极目远眺做眼操，上、下午各10分钟；喝10杯水。

家务劳动"三个一"：帮做一顿饭，扫一次地，擦一次地或桌椅。

数学限时任务：上学期学习了20以内数的认识，请各位同学在数的意义、组成及会数数的基础上，自主预习100以内的数，找找生活中哪些物品可以数出100个，将数数过程拍成照片，分享至班级微信群。照片内容分以下四级。

（1）初级：数数生活中的100个物品照片。奖励：1张五彩贝。

（2）中级：用生活中的100个物品进行创意拼摆。奖励：3张五彩贝。

（3）高级：读一读有关"数字100"的绘本故事，录制阅读视频分享给大家听。奖励：5张五彩贝。

（4）大师级：自编自创"数字100"的连环画，建议4图连环，为每张图配简单文字说明，要求有故事情节。在班级微信群中发照片及视频讲解。奖励：1张校园币。

语文限时任务：书写是语文学习的基础之一，阅读表达也是培养语感的关键。

（1）初级：认真写一张字帖。奖励：1 张五彩贝（可以多练几次，选其中写得最好的一张拍照分享）。

（2）中级：做一张与抗击疫情有关的手抄报，配图并用简单的一句话描述，做于横版 A4 纸上，拍照分享。奖励：3 张五彩贝。

（3）高级：分享一本自己喜欢的图书，录制视频分享给大家听，要求同班级每日好书推荐。奖励：5 张五彩贝。

（4）大师级：我们身边都有坚持在各个岗位工作的家人，用自己的文字记录他们的故事，工整地写在方格纸上，拍照分享。奖励：1 张校园币。

疫情当前，责任担当，通过网络、微信传递正能量，让学生的假期居家生活更加丰富多彩，为学生的健康保驾护航。

教师不仅要对学生负责，还要对家长负责。教师要保持真心、诚心、耐心，站在家长的角度去看教育，想家长所想，勤于沟通，巧于交流，真正帮家长解决问题，才能更好地与家长统一战线，共育学生。

四、小试牛刀

→ 情境一

小刚觉得把老师布置的作业写完，就万事大吉了，每次作业后都让家长帮忙检查。于是，家长打来了求助电话……

A. 学生作业完成就可以了，家长不用帮忙检查。

B. 感谢沟通，家长应注意引导孩子在家对待长辈的态度，让其知道学习是自己的任务，鼓励孩子自己进行检查。

C. 孩子在家学习的事，与我无关。

→ **情境二**

小明跳绳的时候不小心打到了小红。小红疼得"哎哟"一声，不高兴了："你跳绳打到我了！快道歉！"小明说："不是我的错，我又没看见。"小红说："就是你的错，不道歉就不和你玩啦！"小明说："不玩就不玩，哼！"小红跑来告诉老师。

A.老师喜欢勇于承认自己错误的同学，本来就是一点小误会，谁先来说说自己的问题？

B.跳绳打到别人就是不对，小明快和人家道歉！

C.你们两边都有问题，争吵不利于集体的团结，快，各自认错。

→ **情境三**

小晨在体育课上不听任课老师要求，满操场乱跑。

A.这是体育课上发生的问题，让体育老师去解决此事。

B.本着对小晨负责的原则，不让小晨再上体育课。

C.安全无小事。引导小晨思考可能发生的后果，开展安全教育主题班会，并与体育老师及小晨家长沟通此事，跟进后续发展。

→ **情境四**

糖糖早上起床生病了，头沉、咳嗽，体温偏高。但家长怕耽误孩子功课，让糖糖坚持一下，毅然送孩子来上学。

老师：

A.坚持学习的态度值得肯定，但保证自己的身体健康是对其他同学负责，最重要的是孩子身体不舒服也会影响听课质量，回家好好休息吧！康复后回校再给孩子补课。

B.作为家长，担心孩子落下功课是正常的；但也请您站在其他家长的角度换位思考一下，万一糖糖得了传染病，他们会不会更担心孩子的身体健康呢？

C. 糖糖真坚强，身体不舒服还要坚持来学习，是同学们学习的榜样。

→ 情境五

一号小组打扫卫生时，组员们总是抱怨有一个同学偷懒，挑简单、不脏不累的活做。

老师：

A. 别事儿这么多，快和大家一起打扫卫生去。

B. 同学们互相帮助，互相谅解一下吧，你们是一个小组。

C. 清扫任务是每个组员共同的责任，大家齐心协力，才能最有效率地进行卫生清扫。

→ 情境六

家长电话老师："孩子总是在家里看手机、玩电脑，一玩就是两三个小时，管也不听。晚上睡觉前还被发现躲在被子里玩手机……"

老师：

A. 长期使用电子产品会影响视力，建议家长没收孩子的手机和电脑。

B. 明确教育孩子是家校双方共同的责任，家长可以和孩子一起阅读、运动等，做一些有意义的事，或者同孩子一同制定"电子产品条例"。

C. 这主要是家长监护不当导致的问题，解决这个问题的关键还在于家长的态度，要有原则、有底线，严格把控孩子在家的娱乐时间。

答
案

情境一：B

情境二：A

情境三：C

情境四：A

情境五：C

情境六：B

情

没有爱就没有教育。

——陶行知

一、情景再现

→ 镜头一

活动课上，小朱满脸泪花地跑过来向我"哭诉"：小王在她玩儿得正投入的时候，突然从背后猛地推倒了她。小王是班里一个调皮捣蛋、令人头疼的孩子。他爱跳街舞，表现能力强，但由于家庭的溺爱，过于任性，没有集体意识和纪律观念。父母从小把他放在托管班，孩子没有从家长身上获得足够的关注，非常急切地想得到同学的注意。虽然他很希望和同学一起玩，但由于不会友好地表达，每天和同学玩耍时几乎都会发生语言、肢体冲突，而且总是推脱责任，认为是别人的错误，导致同学关系很紧张。

→ 镜头二

开学一个多月以来，大部分同学逐渐适应了小学的生活，班级管理逐渐走向常规。但是随着同伴之间的熟悉、亲近，班里开始出现了"某某喜欢某某"的言论，学生以此为乐，互相调侃，一部分家长也有所耳闻。我很困惑，不知道该怎么平息这种言论。

→ 镜头三

小余提不起一点儿学习的兴趣。上课要么看课外书，要么做小动作，严重影响别人学习；下课追逐打闹，喜欢用拳脚解决问题；经常不做作业，即使做了，也做不完整，书写得相当潦草。每天我都会收到各任课教师和学生对他的告状，他确实是个让大家都头痛的学生。而且他面对教师的批评教育，总是满脸不服气，有时甚至顶撞教师。

二、为什么要用"情"

　　著名教育家陶行知先生说过："真的教育是心心相印的活动，唯独从心里发出，才能打动心灵深处。"情感教育是现代化教育的基本要求。在教育工作中，教师不仅要关心学生的学习，还要关心他们的生活，成为他们的知心朋友。没有爱的教育是枯燥、乏味的。愤怒之下脱口而出的呵斥和催促只会让学生感到自卑，或者觉得教师不喜欢自己，失去继续前进的动力，甚至走向不服管理、顶撞教师的境地。教师的爱心、对学生的真情能驱使教师以最大的耐心和韧劲克服教学中遇到的各种困难，挖掘自身的潜能。教师的爱对学生的发展是一种巨大的动力，有了这种爱，师生之间才能建立起真挚的感情，才能激起学生对教师的亲近感和仰慕心理，从而把这种情感迁移到日常的学习生活中。

　　教师要沟通的对象不只是每天朝夕相对的学生，还有他们身后焦虑的家长。当下的教育竞争让家长无法摆脱焦虑感与不安。于是，学生成绩在中下游的，其家长对教育大多都有意见；成绩在中上游的，其家长也不是个个都满意。"不能让孩子输在起跑线上"的观念为家校沟通埋下了隐患。几十个家长就有几十个教育观。有的家长希望孩子成为人中龙凤，教育要从小抓起。有的家长受到"快乐教育"的影响，只希望孩子有一个快乐的童年，不要被作业和考试束缚。不同的教育观反映出的是家长不同的教育需求，这就要求每个班主任都要学会换位思考，体谅家长的心情，尽可能包容、化解家长的焦虑。

三、教师该怎么做

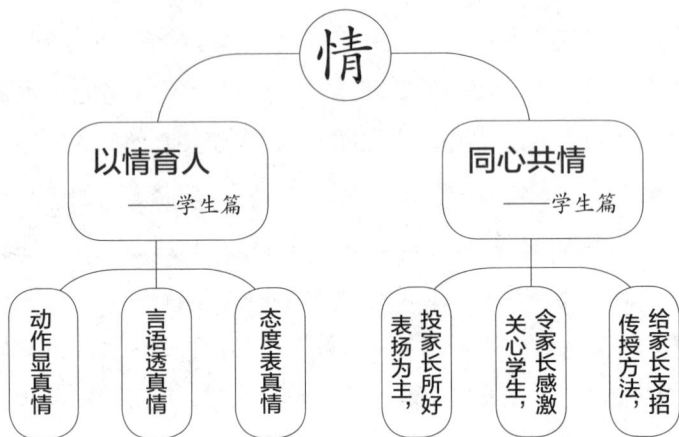

（一）以情育人——学生篇

没有爱就没有教育，教师对学生的爱，需要师情的具体表达。所谓"师情"，就是教师对学生的真情实感，对学生的尊重、信任。在实际的教育教学过程中，教师应该充分让学生感受到"师情"的存在。用"师情"去打动学生，用"师情"去感染学生。

1. 动作显真情

暖阳下爱的抱抱、放学前亲密地摸摸头、天冷时帮学生拉好外套的拉链……我们对学生的爱要化作日常的点滴行动，如涓涓细流慢慢滋润学生的心。

镜头一里的小王是班里一个调皮捣蛋、令人头疼的孩子。他爱跳街舞，表现能力强，但由于家庭的放养，过于任性，没有集体意识和纪律观念。父母从小把他放在托管班，孩子感受不到家长的关注，非常急切地想得到别人的注意。虽然他很希望和同学一起玩，但由于不会友好地表达，每天和同学玩耍时几乎都会发生语言、肢体冲突，而且总是推脱责任，认为是别人的错误，造成同学关系也很紧张。缺乏关注使得他在课堂上也格外活跃，总是想尽办法和身边的同学玩闹，由此带来的课堂纪律问题让我头疼不已。

近期，我反思了自己以往对待他的态度，大多是粗暴地制止呵斥，非但没有成效，还激化了师生矛盾。于是我尝试着用真情打动他。在中午的"阳光时间"，我坐在他身旁，轻拍他的肩膀，摸了摸他引以为傲的小卷发，心平气和、真诚地告诉他我喜欢他的活泼、灵动，但是也很苦恼他的不守纪律。他安安静静地听着，第一次没有顶嘴，没有为自己的违纪推脱责任。我和他达成了一致：自习课上如果他能完成课堂学习任务，剩下的时间他可以自由支配，发呆、画画、研究手中的笔，前提是不能打扰到别的同学学习。果然，这天下午的自习课上，他很快地完成了学习任务，在自由支配的时间里他安安静静地做自己的事情，自习课氛围和谐、融洽。更令我惊讶的是，第二天的课间时间，还没等我进教室，他已经跑来办公室找我了，说觉得教室里有点乱，所以来找我去看看。我一边往教室走，一边心里美滋滋的。

从带头捣乱到看到班级里纪律乱，能主动过来寻求老师的帮助。对他而言，这是一个巨大的转变。我想这都得益于那天的交心谈话与关怀的动作，他感受到了我的真诚，明白我关注他、疼爱他，同样，他对我也多了一些支持和配合。很多看起来很棘手的问题，只要你动了真"情"去尝试解决，借助充满爱的动作，将关爱与温情传递给孩子，也许过程会比我们预想的要简单，会收到更好的育人效果。

2. 言语透真情

善于说话的班主任三言两语就能化干戈为玉帛，慢慢走进学生的心灵，传递足够的关注、爱护和真情，让学生乐意"亲其师，信其道"。而拙于说话的班主任，常常一句话就会让学生心生愤怒，无形中疏远老师。我们对学生的表扬，既不夸大，也不缩小，必须实事求是、分寸适度、真实可信，处处透露着真情。表扬应该把握时机，善于发现学生身上的细小进步，了解他们的长处和短处。学生展现出一点点进步的苗头，我们应该给予适时适度的表扬。

我的班里有一位男生，父亲过世早，母亲整年在外地打工，家中只有年迈的爷爷、奶奶照顾他。因为受家庭影响，他总是情绪低落，脾气倔强且有些暴躁。但通过观察及和其家长沟通后我知道，他本性善良而且有爱心，只是因为家庭内心比较苦闷。在得知他在运动方面天赋很好，也喜欢打篮球的这个优势后，我抓住这一契机，让他做了体育委员，并多次以朋友的身份主动找他沟通，真诚地表扬他运动会获得一百米第一名为班级争光，并和他聊体育比赛、聊他的家人、聊他的未来，鼓励他未来掌握在自己手中，要坚持不懈为梦想努力。一次次的真诚交流中，我走进了他的内心，使他逐渐感受到我对他的关心，也逐渐信任我。最终他敞开心扉向我诉说心事，情绪稳定了不少，学习也有了明显的进步。我抓住契机，在班级中大力表扬他的进步与改变，而他也终于露出了久违的笑容。

其实，很多学生的个性化表现都是寻求关注的一种方式。教师可以通过和他们加强感情上的交流，用良好的情感去感染他，从而慢慢地转化他们的行为。如果一时没有发现学生值得表扬的方面，可以用赞美的方式，鼓励他们的积极性、进取心，展现自己对他的关注。比如，学生穿了一件新衣服，教师不妨夸一夸他的衣服；学生理了发，可以诚恳地说"今天真精神"。发自内心、带着温情的赞美在人心里引起的是积极效应，这种积极效应会起连锁反应。也许就因为一句赞美的话，学生上课注意听讲了，发言积极了，作业认真了，这一切又造就了更多的闪光点，这些闪光点又成为班主任表扬的契机。所以说，一句表扬或赞美的作用是不可低估的，也许就是因为一句赞美的话，形成学生积极向上的良性循环。

一年级的学生有着一种共同的心理状态——"向师性"，即对教师怀有特殊的信赖感，尤其是对班主任。教师说的话，对他们很有权威，也成了他们判断是非的标准。在他们幼小的心灵看来，教师是无所不晓，无所不能的人，形象非常高大。同时教师出现在小学生面前，总是正面的形象，因此学生的钦佩、崇敬、爱戴之心便油然而生，愿意听从教师的教导，希望时刻得到教师的表扬，成为优秀的小学生。

小学生的"向师性"，为我们教师的教育提供了特别有利的条件，我们应该充分利用这一特点，主动关心学生，与学生沟通交流，让学生感受到老师的真情。因此我经常会有选择地，与学生一起交流我的工作、生活，讲讲自己小时候和他们的相似之处，比如回家写作业时的心理活动，对老师批评时的心理反应等，他们会把头点得像拨浪鼓，仿佛终于找到了共同语言。在拉近了与学生的心理距离之后，我便进入正题引导他们如何处理这些问题，让他们更加信任我。平时与他们聊聊老师读得怎么样？画得怎么样？跳得怎么样？唱得怎么样？写得怎么样？弹得怎么样？他们会把好听的词都用上，虽然有些夸大，但是从他们的眼神中，读出了对老师的崇拜，好像在说："跟着我们老师学肯定没问题。"比如，有一次我告诉他们我也要进行朗诵、古诗默写展示，他们会把我当初鼓励他们的话都用上，为我鼓劲加油。事后，他们会郑重地问我结果如何，我会相当自信地告诉他们："没问题，老师和学生一样棒。"这样，不但班级的氛围会轻松，而且会让学生感受到老师也是他们其中的一员，是朋友，老师也有他们想象不到的繁杂工作，理解老师的辛苦，构建平等的师生关系。

像镜头二中，班里出现"某某喜欢某某"的言论。遇到这些事，班主任该怎么处理？我的想法是，有些时候面对日益成熟的孩子，也要与时俱进，成长中的问题易疏不易堵，越是遮遮掩掩，议论越多。比如，在这个问题上，我就开了一次班会，和学生聊一聊：作为女生，你喜欢什么样的男生？作为男生，你喜欢什么样的女生？女生七嘴八舌地说——喜欢关心他人、平和、文明、勇敢、坚强、有爱心、有幽默感、大气、有担当、爱好广泛的男生；而男生说喜欢文静、文明、干净、有爱心、人缘好、爱好广泛的女生。你们看，都觉得他们还是小孩儿，什么都不懂，其实在当今社会各种信息的冲击下，他们的思想非常有深度，他们的心里也有自己的评判标准，而且三观很正。所以，在和他们聊完了这些以后，我话锋一转，告诉他们，要想被别人喜欢，自己首先要成为这样的人。正所谓，你若盛开，蝴蝶自来！一次次简单的沟通，言语中透露出来的关怀之情、期待之情，会于无声中安抚学生的心灵，让他们感受到老师并不是冷酷无情，而是处处显示着真情。

3. 态度表真情

用情不是口头说说，也不是做给别人看，而是发自内心地爱这些学生，愿意帮助学生解决问题。师情应该是公平的。对那些思想品德好、纪律自觉性高、成绩优良的学生要用情，关心、鼓励引导他们更全面地发展；而对那些思想、学习、纪律暂时后进的学生更要在观念、态度中表现教师的真情。一把钥匙开一把锁。这类学生普遍有较强的自卑心理，他们本能地疏远教师，对教师的态度格外敏感。如果感受不到教师的真情，所有的教育都会收效甚微，他们甚至会走入对抗教师的境地。每一个后进生的实际情况是不同的，教育工作者要坚信"人心向善""精诚所至，金石为开"，深入了解学生的行为、习惯、爱好及其后进的原因，走入其内心世界，对他们更要在态度上表真情，用爱去感化、唤醒他们的心灵。

比如镜头三中的学生小余，他提不起一点儿学习的兴趣。上课要么看课外书，要么做小动作，严重影响别人学习；下课追逐打闹，喜欢用拳脚解决问题；经常不做作业，即使做了，也做不完整，书写得相当潦草。每天我都会收到各任课教师和学生对他的告状，他确实是个让大家都头痛的学生。而且，面对教师的批评教育，他总是满脸不服气，有时甚至顶撞教师。于是，我找他诚恳谈话，希望他能遵守学校的各项规章制度，以学习为重，按时完成作业，知错就改，争取做一个他人喜欢、父母喜欢、教师喜欢的好孩子。他在我面前满口答应了，可转头又一如既往，毫无长进。此时我虽然很无奈，但仍然不想放弃他。重振精神后，我想他没有进步或许是因为他并没有真正认识到自己的错误，没有形成为自己的未来努力的想法。

为了更好地转化他，我给予了他更多的关注，只要有一点儿微小的进步，我都会发自内心地大力表扬他，让他重拾积极向上的信心。他早已习惯了被批评，也练就了对批评充耳不闻的本领，所以当他第一次被我表扬时，惊讶、惊喜、不可置信、害羞的表情接连浮现在他稚嫩的面庞上。也许是我真诚的态度让他觉得受宠若惊、不可辜负，他内心那份被深藏已久的向上精神一点点显露出来，引导着他成为一个受欢迎的学生。除了在思想上教育他，感化他，我还特意安排一个责任心强、学习成绩好、乐于助人、耐心细致的小朱同学与他同桌，目的是发挥同伴的力量。事前，我先和小朱进行了一番谈话："为了班集体的共同进步，要尽你自己最大的努力，耐心地帮助他，使其进步。"这位同学爽快地答应，并充分利用课余时间或课堂时间帮助、教育小余。小余取得进步时，除了表扬他，我还告诉他他的进步，离不开同学们的帮助，特别是小朱同学的帮助，帮助他感受身边同伴的关怀。后来，有一次我找他谈话时，他说："老师和同学都这样关心我、爱护我、帮助我，如果我再不努力，对得起大家吗？""每个孩子都有自己的闪光点""对后进生也要给予平等的爱"，正确的教育观让我摆正了对小余的态度，对他的关爱之情缓缓地滋润着他干涸的心灵，产生了魔力。

用心对待工作，用情爱护学生。对待学生，始终保持诚挚的爱心，倾注满腔真情。用平凡与崇高的"师爱"之情，照亮学生广阔的天地，一点一滴，潜移默化，让真情在学生心中生根发芽，开花结果。

（二）同心共情——家长篇

在我国家庭特点不断变化的今天，家长能否积极参与学校教育、配合教师做好各项工作，很大程度上取决于教师的态度以及能否与家长共情。所谓共情就是在与他人交流时，能进入对方的精神境界，感受到对方的内心世界，能将心比心地体会对方的感受，理解对方的意图，并对对方的感情做出恰当的反应。学生的在校时间毕竟有限，我们必须做好与家长的沟通，用真情去感化家长，调动家长的积极性，让家庭教育和学校教育同步并形成合力，才能事半功倍。

1. 表扬为主，投家长所好

很多家长不愿意接教师的电话，不回教师的微信，为什么呢？因为一接起来都是"告状"的消息，这无疑会让家长沮丧。久而久之，家长就不愿意接了。这样的家校沟通能起到什么效果呢？其实换位思考，所有家长都希望听到别人对自己孩子的表扬。孩子习惯不好，态度不好，成绩不好，回了家都是心肝宝贝，都是家长的希望和未来。对这一点所有教师都要牢记。所以和家长沟通时，我们先肯定孩子的优点，再说小小的问题。哪怕家长说自己的孩子这不好、那不好，教师也要在"这不好、那不好"里寻找"好"的地方，投家长所好。彼此开心、共同合作才是沟通的根本目的。

学生平均每学期在校20周，每周有大小活动若干，活动中班主任总会拍摄大量照片，一般都是群发到班级群中，让家长自己翻阅下载。有的家长一张一张看过去，全是别人家孩子的照片，自己家孩子的照片一张也没有，心里有疙瘩了；有的家长看完之后发现别人家孩子的照片多，自己孩子的少，也不舒服了。班主任发照片的初衷本来是让家长看到孩子在校快乐地生活，结果却因为方式的选择没有达到预期的效果。好的事情要采用好的方法，教师可以"一对一"将照片私聊发给家长，家长在忙碌的工作之余，打开微信看到教师单独发的孩子照片，心里舒坦，没有不感谢的。家长不知道你也给其他家长发了照片，没有群里的公开比较就没有心结，只会觉得教师特别关心自己的孩子，对自己的孩子另眼相待。

2. 关心学生，令家长感激

当家长对教师有了感动和感激之情时，他们才更愿意与教师交流与沟通，所以我平时特别关心学生，从小事做起，从细节入手，从各个方面帮助学生，为学生做好服务工作。与学生相处，我有一个原则：批评了哪个学生，当天都会找机会再表扬他一下，让他知道刚才的做法不对，但老师就事不就人，还是爱他的。如果是因为很严重的事情批评了学生，放学前一定会摸摸他的头、拍拍肩膀，借助细微的动作缓解学生的心情，尽量不让学生把坏情绪带回家。为什么要这样做？因为学生回家很可能会带着情绪说话，本来是正常的批评教育，在护犊心切的家长看来可能就变味了。

家长都喊着支持教育公平，教师对待孩子一视同仁，其实每个家长打心眼里又希望教师能"不公平"一点儿，不要一碗水端平，能对自己孩子好点儿，偏爱自己的孩子一些。明白家长的心理，才能让家长满意，实现同心共情。

我的办公室里常年备着两样东西——小零食和外套。学生来办公室，我会顺手给个小零食当奖励；学生来办公室补作业，完成得又快又好，顺手给个小零食祝贺当天作业完成了；学生有了小进步，嘱咐他课间来办公室拿个小零食带回家吃。得到了教师的小零食，学生回家一定会美滋滋地告诉家长这是老师奖励的。家长看到了小零食，也看到了希望和喜悦。

为什么要准备衣服？班里几十个学生，每隔几天难免会有学生不舒服。生病一般都怕冷，去办公室里拿上备用外套给学生披上，学生的心情能好一半。家长来接孩子，看到孩子身上披着教师的衣服，就看到了教师对孩子的格外关怀和细致照顾。孩子第二天还没来上学，我会发个消息问候一下，孩子身体怎么样了？什么时候能回来上课？班里的同学们都很想念他。哪怕这是个平时很皮的捣蛋鬼，也要让家长觉得大家都挺喜欢他的，这样的小体贴一定能让家长感激。

以前，我总是不明白，为什么有的家长喜欢找有孩子的教师当班主任。随着自己孩子的出生，我一切的教育观念都随着"妈妈"这个身份变了……孩子出生了，看着那可爱的小模样，那种发自内心的亲昵让我突然醒悟：原来每个家长都是这样把孩子视若瑰宝，希望教师能对自己的孩子好一点。所以，我一定要像"妈妈"一样关心每一个学生。自己的孩子上学了，我想，放学后写完作业，每个孩子都还有十八般武艺要学、要练，我能不能提高课堂效率，精讲多练，少布置作业，把放学后的"小花园"还给孩子，给家长和孩子足够的亲子交流时间，让他们的十八般武艺学有所精……节假日，带着自己的孩子外出时，我突然想到，周末、节假日多布置一些实践作业，让孩子到大自然中去玩，去享受阳光。当然，这些关心学生、为学生着想的想法，不能只是自己想想而已，一方面要这样去行动，另一方面，也要让家长知道自己的用心，明白自己是个关心学生、爱生如子的好教师。有了这份家校情，还需要担心班级工作不好开展吗？

3. 传授方法，给家长支招

孩子是教师与家长之间的桥梁，经常会有家长和我交流，甚至是求助一些孩子在学习中的问题。要想让家长感受到教师的真情，就要给家长支招，帮助家长解决他们的困惑。在家长面前，我们必须自信满满，因为我们是专业的！

新生的家长对孩子的小学生活充满好奇与担忧，对于孩子的教育也急切地想获得教师的指导。对于低年龄段学生的家长，最重要的便是教会他们引导孩子养成好习惯，因为习惯一经养成，孩子会受益终生。为了孩子的将来，我们要教家长做好每一个"第一次"，通常我会建议家长做好以下几个"第一次"。

学生第一天放学回家，书包摆放，学习、吃饭、玩耍的时间的安排要做好，一个月内养成习惯。习惯一旦养成，家长就会变得轻松。学生放学后在家，要养成"复习所学、完成作业、预习明天的学习内容"三部曲，第一天晚上按课程表准备好第二天的学具、装好书包的习惯。

开学的第一个月，一定要天天看孩子的记作业本，家长也养成习惯，不要被骗。一次、两次的懈怠，可能就会影响整个学习生涯。尤其是在入学的一两个月里，一定按时回家，天天指导孩子养成习惯，这一两个月的付出会有 12 年的大收益。

孩子第一次迟到，家长要依着他，让他尝尝迟到的滋味。注意不要是因为家长的原因让孩子迟到。孩子诚实，会说实话，请家长也不要教他撒谎。

对每一次坐姿、握笔姿势、读书姿势的"一尺，一寸，一拳头"，在家也要严抓，对每一次出的错误都要及时改正。

想家长所想，教家长所需。为家长传授方法，给家长的家庭教育支招，帮助新生家长正确陪伴孩子，成为睿智的家长，教师这样的贴心行为，家长怎会不领情、不共情？总之，只要教师能站在家长的角度去替家长着想，读懂他们，关心爱护学生，就一定能赢得学生和家长的尊重、理解与合作，产生共情，从而使我们的教育教学工作事半功倍。

四、小试牛刀

→ 情境一

放学时，调皮的小轩拿着雨伞学着古装剧里的人物"练武功"，在队伍里来回挥舞，周围的同学都很不满。

A. 小轩你拿着伞在队伍里干什么，万一打着别人怎么办？赶紧收起来！

B. 走过去轻轻拍一拍小轩的肩膀，摸着他的头微笑着说："小轩，把伞尖朝下，这样拿好（示范），就不容易伤到其他同学了。"

C. 小轩你武功练得真好，不过练得不是地方，这样容易伤到同学。

→ 情境二

学生放学离校后，教师巡视教室时发现小飞的桌洞在多次强调下，依旧特别凌乱，地上散落着碎纸屑，还有苹果核等垃圾。

A. 打电话告诉家长："你的孩子卫生习惯很不好，每次放学后，他的座位最乱。请你们在家配合老师教育一下孩子，养成良好的卫生习惯。"

B. 拍照，留下证据。第二天批评教育："看看你的桌洞，都快成杂货铺了，找东西都很浪费时间。"

C. 便条："亲爱的小飞，桌洞里的果皮、纸屑、小杂物一定让你也很困惑。让我悄悄地告诉你，每天带个小垃圾袋，把它们放进去，放学跟着你一起走，桌洞也会干净的。"

→ 情境三

批阅作业时，教师发现小冉交上来的作业特别潦草，而且错误连篇。

A. 小冉，这样的作业老师看不清楚，我觉得你的收获也不会很大。你可以利用今天的午间休息时间重新做一遍，或者今晚回家重做一遍，我会很认真地批阅。

B. 你写的这是啥？我看不懂，太潦草了！重写！

C. 你看看人家小云的作业，再看看你的，差多少，再写一遍去。

→ 情境四

"红领巾检查岗"的检查员来反馈：小晨洗手时经常不关水龙头，放任水一直流，而且经过提示也不改正。

A. 你总是不关水龙头，流走这么多水，多浪费，下次能不能自觉？

B. 提醒你多少遍了，老是这么不当回事，都给班里扣了多少分了。

C. 咱们国家很多地方缺水严重，这么宝贵的水被白白浪费了，真让人心疼，它原本可以发挥更多作用。

→ 情境五

对于书写落后的学生，教师如何用赞赏的语言指出他们需要改进的地方？

教师：

A. 你写的字还挺好的，只是还需要练习。看，生字都挤在一起了，要占好格。

B. 你的书写进步了很多，这几个字的关键笔画刚好写在横线上，它们要写得比其他的字大一些，这样写出来会工整、美观。

C. 你的书写比之前漂亮了，再努力一些。

→ **情境六**

课间玩游戏时，有同学不小心把沙包打到了小英的胳膊上。小英来找你……

A. 同学不小心，一会儿就好了，不用在意。

B. 没事，不就是打了一下，也没红，不要紧。

C. 听上去好像真的很疼，我看看。（认真看后）看上去，没有明显的伤，老师给吹吹，是不是不疼了？

答
案

情境一：B

情境二：C

情境三：A

情境四：C

情境五：B

情境六：C

容

世界上最宽阔的是海洋，比海洋更宽阔的是天空，比天空更宽阔的是人的胸怀。

——雨果

一、情景再现

→ 镜头一

我班有个大眼睛、白皮肤、圆脸蛋的可爱小男孩小雄。因为他说话时总喜欢眨眼睛、嘟嘟嘴，所以给我留下了深刻的印象。在与他接触的一段时间里，我发现他每次遇到困难，就不停地抹眼泪。他不善言谈，为了挑食的问题，不知哭了多少次，大家劝说也不听，你们看，他又发脾气了。

→ 镜头二

美术课上，小雨可高兴了，我多次提醒她不能下位，她始终不听，还拿了同学的水彩笔在本子上乱画一气。班级的同学纷纷向我告状，班级一时间乱哄哄的，小雨为此大哭起来，越哭越凶，上气不接下气，班级无法继续上课。

→ 镜头三

小东这个在幼儿园出了名的调皮男孩，入学后依然我行我素。刚下课，同学们纷纷向我告状："老师，你看小东的嘴。""这嘴怎么变成红色的了！"我吃惊地看着，还有桌子上、裤子上、笔袋上、两只手也是红色的，他这节课都做了什么？

二、为什么要怀"容"

孔子的学生子贡曾问孔子:"老师,有没有一个字可以作为终身奉行的原则呢?"孔子说:"那大概就是'恕'吧。""恕"用今天的话来讲就是宽容。犯错不能一味地惩罚,惩罚是手段,但不能真正解决问题,而宽容、慈而有爱,往往能收到意想不到的效果。

宽容是教师管理学生的重要工具之一,也是师生关系和生生关系之间的润滑剂。面对叛逆期的学生,教师一味地使用惩罚和奖赏的"两极"强硬态度去对待学生,会造成师生之间的疏离感。教师在教育犯错的后进生时,如果只是采取强制执行的行为方式,或者是出于反感、厌恶,甚至恶语相加,这些学生不但不会向好的方向转变,还会更加逆反,变得消极、自卑。我们应该用更多的真情、更多的爱去关怀学生。教师对学生的宽容会带来积极的心理效应。教师在与学生相处时需要采取谅解和宽容的态度,以保证教师和学生能以平和、友好的方式相处,让教师成为学生的良师益友,构建融洽的学习环境。

教师除了是知识的传授者,更是学生心灵的抚慰者和成长的引路人,每个人在人生路上都会犯各式各样的错误,学生也不例外。我们要真心地付出,用宽广的胸怀包容学生的错误,在与学生沟通中晓之以理、动之以情,以循循善诱和孜孜不倦的态度对待学生。教师要让每个学生在犯了错误之后,有勇气向教师坦白。师生真诚地沟通,让学生做到真正地信任教师、尊敬教师、体谅教师,将老师作为"第二父母"。所以,教师拥有宽容的心境是让现代师生关系有进一步跨越和保证的有效前提,让我们一起来爱学生吧!

三、教师该怎么做

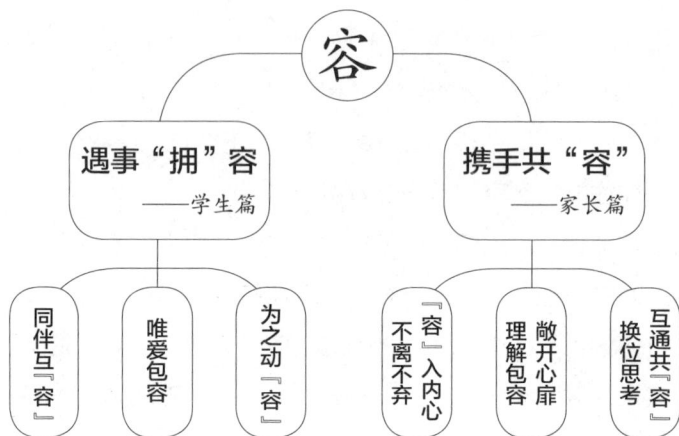

```
                    ┌─────┐
                    │  容  │
                    └─────┘
          ┌────────────┴────────────┐
   ┌────────────┐            ┌────────────┐
   │ 遇事"拥"容   │            │ 携手共"容"  │
   │  ——学生篇  │            │  ——家长篇  │
   └────────────┘            └────────────┘
      ┌───┼───┐              ┌───┼───┐
   ┌──┐ ┌──┐ ┌──┐         ┌──┐ ┌──┐ ┌──┐
   │同│ │唯│ │为│         │『│ │敞│ │互│
   │伴│ │爱│ │之│         │容│ │开│ │通│
   │互│ │包│ │动│         │』│ │心│ │共│
   │『│ │容│ │『│         │入│ │扉│ │『│
   │容│ │  │ │容│         │内│ │理│ │容│
   │』│ │  │ │』│         │心│ │解│ │』│
   │  │ │  │ │  │         │不│ │包│ │换│
   │  │ │  │ │  │         │离│ │容│ │位│
   │  │ │  │ │  │         │不│ │  │ │思│
   │  │ │  │ │  │         │弃│ │  │ │考│
   └──┘ └──┘ └──┘         └──┘ └──┘ └──┘
```

（一）遇事拥"容"——学生篇

一位哲学家曾说过这样一番耐人寻味的话："天空收容每一片云彩，不论其美丑，故天空广阔无比；高山收容每一块岩石，不论其大小，故高山雄伟壮观；大海收容每一朵浪花，不论其清浊，故大海浩瀚无比。"

作为教师，我们更要时刻铭记：世界上最宽广的是海洋，比海洋更宽广的是天空，比天空更宽广的是人的胸怀。因为教师在学生的成长和学习生涯中起着更为突出的作用，更应该以教育成功作为工作的基准线和目标，时刻心怀宽容之心和爱生之心，对待心智尚未成熟的学生，以学生的成长和跨越作为工作进步的标准。我们若能在工作中真正做到以宽容为宗旨，宽以待人，培养出一批又一批优秀而又心怀感恩的学生，那我们就可以自豪地说："我们的教育取得了成功。"

1. 同伴互"容"

"他山之石，可以攻玉。"学生身处在群体中，会受到群体内小伙伴的思想观念的影响和熏陶。他们非常注重小伙伴们的看法，对于伙伴们的建议，他们也乐于接受并改正自己的不足之处，在同伴的感染与影响下，促进了同学们的情感交流，又避免了教师介入后带来的自尊心受挫，其教育效果远大于教师单一的说教与惩罚。因此，除了教师的宽容感召之外，同伴的力量也是不可缺少的。

镜头一里的小雄非常挑食。一天午餐时间到了，在学生眼里今天的午饭很美味，他们一个个嘴角上扬，很开心地拿出餐具准备就绪。当点到小雄的名字时，他就像弹簧一样，立刻弹起，飞快地冲上去拿起心爱的午餐。只见他打开饭盒，不高兴地说："你们知道吗？蘑菇和木耳都是细菌、真菌呢！学校给我们吃细菌！""那你怎么也不爱吃芹菜呢？"一位同学说。"芹菜长得多像香菜啊，重点是它和香菜一样难吃！"小雄嘟嘟嘴，不屑一顾地说。很不巧，今天有蘑菇，而且特别多，满满一格。小雄用勺子一点一点扒拉起来。终于，他把持不住了，泪水溢满了眼眶。很快，他的眼睛就像小兔子一样红了。旁边正在啃苹果的小琛打趣地问："小雄，你觉得这个苹果像什么？"结果，小雄同学满脸泪花，哭得更凶了。我走过来安慰他："小雄，这点蘑菇还不赶紧吃掉？"他一看我，赶紧把蘑菇扒拉几口，然后想吐又吐不出，想咽又咽不下，那样子难受极了。我刚想再说什么，这时，好几个同学也围上来安慰他。"你看小淇，以前这个不吃、那个不吃，现在都可以吃了，对吧，小淇？"正在吃饭的小淇点了点头。"你再看看小侯，过去也是什么也不吃，现在每次都要加菜，饭都堆成小山了！"小侯马上蹦跳着跑过来，"郑重"地站到小雄的旁边，逗趣地说："小雄！快吃饭呀！不好好吃蘑菇就要去见神仙了！"小雄也不好意思哭了，立刻重振精神，把蘑菇"消灭"掉。从此以后，小雄同学的午餐吃得更有滋味了。

幼儿园有保育员，学校里可没有，为了让他们逐渐适应小学生活，面对班级中这样挑食的学生，如果直接采取询问的方式，会使他们产生抵触情绪，所以我采取以退为进的方法，用小伙伴的力量去感化、包容他。大家每天都努力践行光盘行动，不挑食。教师用宽容之心相待，既维护了学生的自尊心，又给了学生反思和改正自身问题的机会，相信每天努力一点点，惊喜一定会出现。

2. 唯爱包容

苏霍姆林斯基在《给教师的一百条建议》中提道："有时宽容引起的道德震动比惩罚更强烈。"教师每当遇到学生出现问题时，要用真挚的关爱去包容他们的不完美。在学生遇到问题时，教师要换一种学生能够接受的方式妥善处理问题。

班级中的学生来自各个家庭。家庭的差异使得学生的性格各有不同，班级中有个小新同学，他的父母年龄相差较大，彼此间关系不好，经常吵架。小新在幼儿园不愿和小朋友玩。放学后，父母经常不能按时接他回家。上小学后，小新每天上学迟到，不洗脸，甚至没有吃早饭，饿着肚子来学校。他总是丢三落四，测试等级低，家长就不由分说地打他一顿，让本来天真的小新变得更不爱说话，每天心情沉闷。

一个周五的中午，小新拿着扫帚在操场上飞扬，时不时地转个圈，就像跳华尔兹一样，不停地、自顾自地玩耍着。旁边的小光则像划桨一样把扫帚摇来荡去，真是"不管人来人往，胜似闲庭信步"。正起劲时，小光一眼瞟到了我。霎时间他立刻收住架势，装作什么事情都没发生过，开始低着头漫不经心地扫着树叶。而另一头的小新还在尽情地"表演"着，班长把他俩叫回教室，此时的两个学生丝毫没有了先前的风光。互相推搡着，站到讲桌旁，低着头。同学们好奇地盯着小新和小光看，他们被看得很不自在，仿佛被仙人掌扎到似的。我表情淡然地说："同学们，午间值日的时候，这两位同学舞枪弄棒，咱班来了现实版的哈利·波特！来，可否给大家表演一下！"小新立刻变得羞涩起来，两只手不受控制地晃来晃去。小光就更不用说了，苦笑着，脸上的肌肉紧绷在一起，不知是哭是笑。他们一边转圈，一边"跳舞"，把同学们逗得前仰后合。我问大家："同学们，你们认同他们的行为吗？"同学们当然不认同，所以他俩只能"自食其果"，放学后与班干部一起继续值日，努力改正。大家的观点一致了，从而起到班级警示的作用。

其实，爱学生的方式很多，如果上来就劈头盖脸地把两个学生数落一顿，会极大地伤害他们的自尊心。换一种方式，既尊重了学生的自尊心，又在愉悦的氛围中解决了问题，保护了学生，这是一种"严厉"的爱。从这件事以后，小新每天上学不再迟到，学习的主动性也提高了，经常和小光一起学习，遇到问题还能及时请教老师和同学。这一切的变化，我都看在眼里、暖在心里。相信每天努力一点点，就离成功近一点。

3. 为之动"容"

俗话说："一把钥匙开一把锁。"镜头三中的小东是一个在幼儿园就出了名的调皮男孩，上小学后，本以为他能收敛自己的行为。没想到的是，他的行为着实让老师们头疼，不写作业，不爱惜东西，给同学起外号，抖音里的话语都成了他的口头禅，经常骄傲地说自己干啥啥不行，吃饭第一名！对于老师的温馨提醒更是不屑一顾。下课铃声还没结束，他已抬脚跑出教室，卫生间是他的"秘密阵地"，自认为他是男生，在那里打闹，女老师进不去，抓不到他，还会经常把衣服弄湿，也满不在乎。

他上课不听讲，把红色水彩笔芯抹到湿巾上，拧来拧去，结果弄得到处是红色，我告诉他："请你把这里清扫干净后主动找我说明原因，理由充分，可以原谅，你好好想个理由。"一连几天，他没有找我，见到我就立马低下头。我知道，他没有充分的理由。周五卫生清扫时，我发现小东干得特别积极，他虽然个子瘦小，但力气可不小，忙得满头大汗，连衣服上、裤子上沾了灰尘，也不在乎，还念念有词地说："把椅子搬到桌子上，扫地面不就行了。"小伙伴一把椅子转来转去，很费劲地搬到桌子上，而他很利落地就完成了，还主动帮着大家把椅子倒扣在桌子上。每次劳动结束时，班级都会进行总结。这次劳动后，同学们一致说小东干得最起劲，还帮助了大家。我也顺势表扬了他，并奖励了他校园币。这孩子，前脚表扬，后脚上课就睡觉，违法课堂纪律。看着他流着口水，睡得正香，怎么叫也不醒的样子，我也不再忍心打扰，干脆让他睡吧。下课了，铃声一响，他一下子坐直了身子，醒了，睡眼蒙胧地看着大家。我上前摸摸他的头说："昨晚睡眠不足？现在补了觉，睡足了吗？"他没说话，撇撇嘴，冲我笑了笑，我又问："下节课还接着睡？""不不，不睡了，你怎么没说我？你忍了？"一席话，让我乐了，说："忍了！"也冲他笑了笑，他很开心地看着我，不再说什么。从这件事以后，小东开始主动跟我交流，虽然有的在我看来是很无聊的事，但我还是津津有味地听着，时不时搭讪几句。如此一来，我们之间的话逐渐多了。下课了，他还主动帮我发作业本，送作业本到办公室，有时中午吃午饭时，主动等我一起吃。每天细小的变化让我更加有信心帮助他，没想到我小小的容忍，竟能有这么大的起色。

有人说，教师对学生的爱甚至可以影响学生对人生的态度，学生更需要得到教师"雪中送炭"式的爱。对学生多一点信任，多几分理解，少一些责难，少一点怨恨，多几分关爱与包容。我坚信：只要每天努力一点点，收获就会多一点。这不就是我们做老师的幸福感吗？

（二）携手共"容"——家长篇

每个孩子无法选择自己的家庭，但是每个家庭能够选择采取合适的育儿方式将孩子教育成人。任何学生的优秀没有偶然性，而任何家庭教育的忽视可能会直接造成"叛逆儿童"。作为孩子的家庭教育者和人生启蒙者，家长要时刻意识到教育并不只是学校的责任，家长在其中起着更重要和更长久的作用。而现实生活中，家长具有文化差异和现代生活的重重压力，导致很多家长在孩子的教育过程中总是缺席，无法给孩子提供真正"富裕"的教育环境和学习氛围，很多时候家庭教育的缺失是家长的失责，这也让学校感到无奈。作为新时代的教师，我们担负着巨大的使命与责任，时刻牢记只有家校合作、目标一致、理念一致，学会面对不同的孩子，能以平常心包容他们，我们的教育才能共"容"。

1. 不离不弃，"容"入内心

宽容是一种智慧，是一种坚持，更是一种特殊的爱。我们不能乞求花园里的每一朵花同时绽放，因为，每一朵花的花期都各不相同。我们需要耐心地守护着一朵朵含苞待放的小花苞，不离不弃，持之以恒，终有守得花开之时。

　　镜头二中的小雨之所以不能自控，是因为她是一个患有 21 染色体综合征的女孩。她性格内向，体弱多病，肢体协调力弱，不具备正常交流的能力，所以上课时，她不能遵守课堂纪律，也不能认真听讲，总喜欢趴在同学的桌边。同学不搭理她，她就会很生气，冲着同学两手叉腰，呼哧呼哧地喘粗气……班级的同学、老师着实都很头疼。

　　为此，我利用班队课给学生进行爱的教育，引导学生讨论交流在学习和生活中如何互帮互助，让学生说说如何帮助弱小的同学……只有心中有爱，才会包容；只有大家形成合力，才能感化小雨。每次放学时，我和小雨妈妈总有交代不完的话，介绍小雨一天的学习情况以及小雨取得了哪些进步，告诉小雨妈妈回家后怎样多引导孩子，从培养孩子的兴趣爱好出发。每天放学后，妈妈和她一起学习、一起跳舞、一起画画……不管学多少，不管跳得好不好、画得美不美……都去包容她、鼓励她，让她感到快乐。学校里，老师、同学的不离不弃，使她增强了信心。付出终会有回报，通过家校的不断合作，小雨多次得到老师表扬，同学还自发地为她鼓掌，小雨在学习的道路上逐渐迈开坚实的步伐。

　　孩子无法选择家庭，父母也无法选择孩子。小雨的妈妈曾因为有一个这样的孩子自卑过，她觉得在其他家长面前抬不起头，她也羡慕其他的家长，更羡慕那些可爱的孩子。无数次的聊天、无数次的鼓励，我在小雨身上倾注了比给其他学生多几倍的时间与心血。因为我为人母，能体会到小雨妈妈的那种无助和期盼。面对问题，我静心思考，放慢节奏，学会善待小雨的错误，平等地与她对话。无论是家长，还是孩子，都可能犯错，任何人在面临错误的时候内心都是充满了自责和羞愧的，在面临错误时任何人都不希望迎来的只是劈头盖脸的痛骂和斥责。在这时更需要学校的宽容和老师的温暖。老师需要对学生动之以情、晓之以理，真诚地鼓励学生，给学生改正错误的机会。一天，小雨被评为"节约粮食小天使"时，小雨妈妈觉得"天使"是一个多么美妙的称呼。孩子的自信心、老师的宽容和善良，让小雨妈妈对学校万分感激。孩子在老师的鼓励和帮助下增强了自信，激发了对生命成长的渴望。

事实告诉我：家长要学会欣赏自己的孩子，学会包容孩子的错误。只有通过正确引导，他们才会茁壮成长。教师只有尊重每一个学生，平等地对待每一个学生，他们才会敞开心扉，坚持不离不弃，"容"入内心，因为他们也需要阳光雨露。

2. 理解包容，敞开心扉

公平、公正地对待每一个学生，是教师一直秉持的原则。只有对学生一视同仁，家长才能更加配合、支持我们的工作。

每学年的班干部竞选是家长、学生都非常重视的事。由我来宣读竞选岗位名称及岗位职责，本着学生自愿参与的原则，学生写好竞选稿，利用班队课时间，各自宣读竞选稿后，在我设计的竞选表格上进行无记名投票，再由三名不参与竞选的学生当场唱票，我会及时把竞选结果发到家长群；如有最高票数相同的情况，需要重新竞选。如此一来，家长都及时了解整个竞选的过程，也不再议论，因为老师公平、公正地对待竞选工作。

得到家长的信任是对我们工作最大的肯定。家长就会对我们敞开心扉、畅所欲言。因为他们相信，教师作为秉持教育情怀的人，时刻心系学生和学生的每一个家庭，在以自己的方式教育学生，帮助学生在人生路上获得成功。这种特殊的爱会更甜、更幸福。

3. 换位思考，互通共"容"

家长把孩子交给老师，希望得到更好的教育，他们希望孩子是快乐的。很多家长觉得自己的孩子是最棒的，无论今天孩子做了什么，家长都会相信孩子的话，即使犯了错误，也不能让孩子受委屈。现实中，我们的确会遇到这样的家长，我们的教育有时真的成了服务窗口。这就更需要我们做事讲原则、守分寸。

我经常问自己，如果我是家长，我希望孩子成为一个怎样的人？希望老师怎样对待我的孩子？……一个班级的成长，不仅需要提升学生的学业成绩，还需要提升班级的凝聚力。这凝聚力既来自学生的，也来自家长。每次班级活动的开展都需要家长的大力支持，我们深知每个学生都渴望有展示的机会，家长们更希望自己的孩子崭露头角，这时老师需要根据学生的不同性格特点和家庭教育特点进行分工，同时积极调动家长的积极性，让其做好后勤保障工作。我会把自己想到的创意及活动的注意事项先在班级家委会群里谈论交流，补充完善后，再在班级家长群里发通知，请大家有问题及时联系我。由于家长的信任，在每次班级的活动中，家长都能各尽所能，发挥自己的专业优势，给班级大力的支持，从不计较个人得失，你替我想，我为你做，互相包容，共同面对家校教育工作，从而使班级工作顺利开展。这正是我与家长换位思考、互通有无的结果。

十年树木，百年树人。我国著名学者冰心说："有了爱，便有了一切，有了爱，才有教育的先机。"善待每一个孩子，因为他们都是家长的希望。每个孩子都是独特的个体。对那些所谓的"特殊孩子"，只要我们关注他们、鼓励他们，以他们最容易理解、最容易接受的方式去对待他们，往他们的心灵灌注教育的清泉，相信他们的内心也能绽放出各式各样、异彩纷呈，代表着爱与善良的鲜花。最成功的教育往往不是学生取得了多高的成绩，而是让真诚、善良、宽容的种子在学生的心灵永驻，影响学生的一生，开放在每个人的家庭花园中和人生路上，这才是真正的桃李满天下。

四、小试牛刀

→ 情境一

上楼梯时，小明由于系鞋带落在队伍后面，他想快速回到队伍中的位置，就在队伍间挤来挤去。

A. 小明你挤来挤去，撞到别人怎么办？

B. 小明请放慢脚步，系好鞋带就跟在班级队伍后面吧！

C. 小明出来！你看你把队伍搞得太乱了！

→ 情境二

下课了，有学生告诉我："小明捡到我的铅笔，放进自己的笔袋里，问他要，他不还给我。"

A. 小明，刚才捡到同学的铅笔，为什么还放到自己的笔袋里？

B. 这支铅笔是你的吗？还在铅笔上舔上唾液！你怎么想的？

C. 捡到同学的物品，应及时归还，我们都要做诚实的孩子。小小举动暖人心。

→ 情境三

体育课结束，口渴的小明拿着水杯冲出教室，插队跑到饮水机处接水。

A. 动作这样猛，还拿着水杯，太危险了。

B. 水杯不能直接对着饮水机口，这样不卫生的。你认为自己的做法对吗？

C. 请记住：接水时，需要走着去、走着回，水杯的杯口不能提前打开或拿下来。

→ 情境四

课间操结束时，小明把跳绳拖在地上，走在队伍里。

A. 在小明耳边悄悄说："你注意到周围同学看你的眼神了吗？"

B. 温馨提醒：活动结束了，跳绳可以收纳起来，需要帮助吗？

C. 这样拖着跳绳走，不仅容易把自己绊倒，还会伤害到其他人，赶紧把跳绳打成绳结。

→ 情境五

课上，小明把一次性手套里灌满了水，还悄悄向周围同学炫耀。

老师：

A. 这个水球是你做的？音乐课改成科学实验了？

B. 呀，你裤子上的水是哪来的？课上想去厕所，怎么也不及时找老师呢？

C. 温馨小贴士：上课认真听讲、不做小动作，也是尊重老师的表现哦！

→ 情境六

课间，擦黑板的学生一只手拿着黑板擦擦黑板，一只手拿着喷壶与同学嬉笑打闹。

A. 这是谁啊？玩得这么欢？黑板擦完了吗？

B. 哪位同学给黑板洗澡了？弄得这么多水？

C. 擦黑板要记牢：不打闹、不追逐，为大家，服好务。

答案

情境一：B

情境二：C

情境三：C

情境四：B

情境五：C

情境六：C

放

给指点，给讲说，却随时准备少指点，少讲说，最后做到不指点，不讲说。这好比牵着手走，却随时准备放手。在这上头，教者可以下好多功夫。

——叶圣陶

一、情景再现

→ 镜头一

我们班课间最常见的场景就是，许多学生在我身旁，叽叽喳喳地"告状"："是他怎么怎么样……"我依次给他们当"法官"，将有矛盾的学生叫到跟前，问清楚事情的来龙去脉，实在是筋疲力尽，最终却发现，矛盾大多源于语言、动作产生的误解，在询问的过程中便能解开误解。

→ 镜头二

上课时，我担心学生年龄小，归纳能力弱，所以总是细心地帮学生总结规律，并反复强调，学生却总是记不住。学生做题时遇到了困难，正在思考之时，我不想耽误课堂时间，于是将答案公布，并一步步地耐心解释。但是知识点不变，题型有所变化时，学生又不会做题了。

→ 镜头三

晓晓一年级入学时在班级中年龄最小。在家事情由家长包办，例如，书包是家长帮忙收拾的，刚到校时干净、整齐，放学时总是乱糟糟的，还经常少东少西。我建议家长让学生独立收拾书包，却始终无果。因为家长觉得孩子不会收拾，也担心孩子忘带东西，会受到批评。

二、为什么要"放"手

居里夫人说过:"路要靠自己去走,才能越走越宽。"然而对于处在幼小衔接阶段的学生,教师和家长总有万般的不放心:孩子还小,幼小衔接太难,他们生活中是否能自理?学习上是否能自觉?班级活动中是否有担当?思想上是否能独立?与其让学生劳神费力,不如直接替他们做更省心、放心。殊不知我们过多的"爱心"和"热情"会成为学生成长的羁绊,不肯放手、无法放心,便出现了诸多"小皇帝""小公主",可是,这些温室里的花朵能经受住外面的烈日和风暴吗?有一种爱叫作"放手"。放手,是一种教育智慧,是真正的爱的教育。只有放手,才能给学生更多的自由空间,增强学生的自主意识,发挥出学生的潜能,让学生学会生存。

在幼小衔接教育工作中,教师应在生活上放心,让学生自己的事情自己做,遇到问题尝试自己解决,提高学生的自理能力;在学习上放手,让学生自主探索、主动思考;在管理中放权,让学生做小主人,培养学生的责任与担当意识,让学生尽情绽放光芒。不放手的教育只会让学生失去自信,遇到难题就变成"超龄儿童",只有让学生自己去体验、去犯错、去总结,这样获得的经验才会让学生终生难忘。

同时,放手教育也要通过家校合作来实现。爱孩子就要给他插上飞翔的翅膀,部分家长不舍得放手,家长和孩子之间就会陷入"照顾者"和"被照顾者"的惯性,孩子会理所当然地将自己的诉求当成家长的义务,自己则会变成"巨婴",甚至"衣来伸手、饭来张口",认为家长的所有付出都是应该的。相反,还有一部分家长崇尚"自由教育""快乐教育",放手太多,孩子也会没有强烈的责任意识、规则意识、时间观念。在家庭教育中家长如何收放自如,这需要教师及时关注、与家长及时沟通,根据不同学生的情况进行分析,在科学培养学生的自主性方面为家长支招。

放手的同时,教师和家长对学生自我管理的评价也非常重要,一个鼓励的眼神、一句表扬的话语、一个温暖的建议,都能让学生感受到独立完成任务的巨大成就感，获得强烈的自我肯定与自我满足，这份宝贵的财富——自信心会陪伴着学生更勇敢地面对下一个难题，继续向未知的世界探索。

三、教师该怎么做

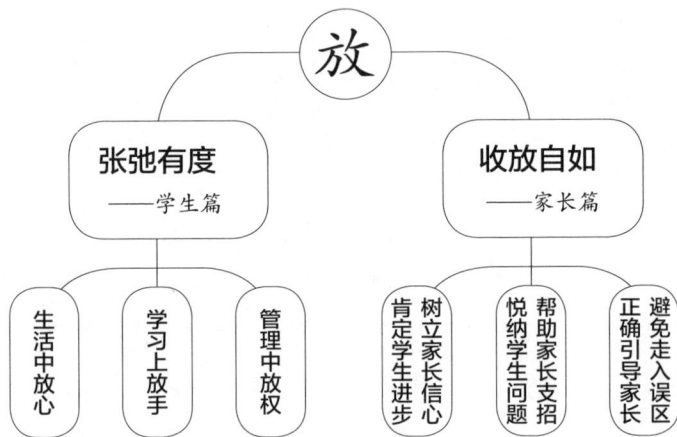

（一）张弛有度——学生篇

相信许多教师从踏进学校的那一刻开始，神经无时无刻不是紧绷的，甚至恨不得多生出几双手，将学生紧紧掌握在自己的手中。可是教师与学生的关系有时就像手掌和沙子，抓得越紧，失去得越多。教师管得越多，学生的胆量和能力就越小。总有一天学生会从象牙塔中走出去，独立走向远方，只有在实践中，学生才会总结方法，更有信心探索未知的世界。宽严相济、张弛有度的"放手"教育，才能让学生学会生活，乐于学习，独立思考。

1. 生活中放心

知饥寒、保持卫生、自主解决问题……这些学生都能渐渐地做到，前提是教师放心大胆地让他们去尝试，学生会为我们带来许多意想不到的惊喜。

平日里班级同学们的相处中，难免会有一些小摩擦、小纠纷。镜头一中的场景每天都在上演着：许多学生围绕着教师，叽叽喳喳地"告状"："是他怎么怎么样……"教师依次给他们当"法官"，将有矛盾的学生叫到跟前，问清楚事情的来龙去脉，实在是筋疲力尽，最终却发现，矛盾大多源于语言、动作产生的误解，在询问的过程中便能解开误解。针对类似情况，我会利用班会时间，把他们的小纠纷当作匿名案例，让学生一起来讨论问题出在哪儿。比如，小明的钢笔不小心掉到地上了。这时候小红看见了，捡起来，刚要问，这是谁的笔？小明一把夺过去："这是我的笔，你拿我的笔干什么？"小红非常不高兴，心想："我明明帮你捡起来，你不说谢，反而指责我！"也没好气地说："不是我拿的，掉地上了，是我帮你捡起来的。你怎么还赖我？"而小明说："我怎么知道你刚捡起来的……"乒乒乓乓，一对"小冤家"产生了。在接下来的班会课上，我和全班学生就这件事开展了大讨论，学生们通过一步步分析这件事的前因后果，最后总结出，站在各自的角度，两人说得都有道理，可惜有话不会好好说，本来是乐于助人的"故事"，结果变成了针锋相对的"事故"。随后，学生们在小组讨论中重现了刚才的场景，其中一组的表演是这样的：小明看到小红拿着笔，说："哎，这是我的笔，谢谢你！"小红说："你不小心掉地上了，我顺手给你捡起来了。"小明说："太感谢了！"两人一团和气，还是好朋友。通过这种讨论，久而久之，学生们认识到，应该主动沟通，自己承担自己的责任，寻求最好的解决方式，一切都会迎刃而解。

2. 学习上放手

在教学上，睿智的教师通常会"授之以渔"，教会学生解决问题的方法，学生经过实践、探索，总结出适合自己的学习方法，形成自己的学习习惯，学习的独立性、学习效率也会大大提高。对学生不放心的教师往往会"授之以鱼"，学生按部就班，只关注解决一个难题，不能做到举一反三。

新课程标准指出，教师应该注重启发式教学。在教学中，教师给学生"搭台"，让学生"唱戏"，教师应该像观众一样仔细倾听，适时点拨，为学生加油喝彩。例如，英语课上，部分学生虽然把课文、句型结构背得滚瓜烂熟，但在口语表达、做题时犯了难，原因就在于镜头二时有发生。在英语课上，教师担心学生年龄小，归纳能力弱，所以总是细心地帮学生总结句型，并反复强调，学生却总是记不住。学生做题时遇到了困难，正在思考之时，教师不想耽误课堂时间，于是将答案公布，并一步步地耐心解释。但是同样的知识点，题型有所变化时，学生又不会做题了。教师越俎代庖，占据了课堂的主体地位，让学生没有机会自主地思考、总结，所以"只知其然，不知其所以然"。因此，每学到一个新的句型，我都会请学生自己观察。比如，先让学生自己在课文中找出带有"will"的句子，学生会在认真读后发现有三句："Will you go to the countryside?""Will you pick pears?""Will Daming go there, too?"然后请学生观察这些句子有没有相似之处，学生不难总结出句子中都有"Will+ 人 + 动词原形"，甚至有不少学生注意到了句子最后的"？"，而且这个情境是在谈论暑假计划，询问将来可能发生的事情。之后我展示了更多周末活动的图片，随后设计了学生互相提问周末计划的环节。在练习中，学生自然而然地掌握了句型，不需要再死记硬背。下一次再学习新句型的时候，学生也会尝试用这种方法——一找、二观察、三总结、四应用，直至熟练运用。

在班级中，我还设立了互助小组，课间学生化身小老师，给其他同学讲题。在此过程中，小老师思路越来越清晰、讲解得越来越熟练，被教的学生也更能理解同龄人的话语，可谓一举两得。在批阅改错时，我也经常会问学生，这道题的正确答案是怎样得来的？在回答中可以知晓学生是否真正掌握了知识的运用。

3. 管理中放权

现在的学生自我中心意识强，占有欲强，习惯了他人为自己服务，却少有为他人付出的思想。班级管理中，要培养学生的责任与担当意识，应该让每个学生认识到，自己是集体的一分子，就应该对集体有一份责任。比如，纪律班长一职包括课堂纪律班长、楼道纪律班长、路队纪律班长、课间操纪律班长等；卫生班长中有负责地面的、负责黑板的、负责开关电灯、负责开关窗户的、负责检查眼操的、负责上报出勤的；学习班长的任务细致到下节课的报课提醒："下节课上数学，请同学们做好课前准备！"把班级的管理权渐渐交还给学生，43个学生就是43个班干部，是43个在集体中有担当的学生，用责任来管理班级，用制度来规范班级，用互助来培养感情，营造良好的班级氛围。班级你我他，优秀靠大家！

平时，我也会抓住学校各项活动的契机来锻炼学生。比如，学校举行运动会时，刚进入一年级的学生容易激动。这时，我会提出几个任务，让学生自愿选择。学生根据自己的特长各司其职：活泼、热心的学生会负责加油助威，擅长写作的学生会主动负责稿件，擅长体育竞技的学生会参加比赛，喜欢干净、整洁的学生会承担班级卫生，细心、有条理的学生则会负责后勤管理……一场运动会结束，学生收获了欢乐，也把班级管理得井井有条。在放权给学生的过程中，我们不难发现，学生担当起自己在集体中的责任，也收获了为班级服务的成就感，同时增强了集体荣誉感。

课堂管理中，我鼓励学生插上想象的翅膀。相信大家对龟兔赛跑的故事都不陌生，最终比赛结果是兔子因为自大、偷懒，输给了速度慢但坚持不懈的乌龟。读完故事后，我鼓励学生展开想象，进行故事新编，写一写新龟兔赛跑的故事，这次的比赛结果会是怎样的呢？刚开始，有学生说兔子赢了，有学生说乌龟赢了，我继续引导学生思考还有没有其他的可能，于是有学生说打成平手，有学生说分不出胜负，甚至还有学生说这场比赛是不公平的……无论怎样的结局，学生都能自圆其说，兔子赢了是因为吸取了上次失败的教训，不再偷懒；乌龟赢了是因为这次比赛是长跑，它耐力更足；打成平手，是因为乌龟想出了更好的方法，比如从下坡路滚下去，最终皆大欢喜；分不出胜负是因为虽然兔子领先，但是看到乌龟不小心受伤，于是返回来将它送到了医院；比赛不公平，所以应该让乌龟先跑……学生们新编的故事非常精彩，包含着积极反思、灵活方法、主持正义、人性光辉……我想，这就是放飞思想的魅力。苏霍姆林斯基曾说，思想是根基，理想是嫩绿的芽胚，在这上面生长出人类的思想、活动、行为、热情、激情的大树。而统一的答案则会扼杀学生的想象力，使学生形成思维定式。放飞思想，就像给小树苗松松土，思想的土壤有了更多氧气，小树苗才会茁壮成长。

（二）收放自如——家长篇

孩子是家庭生活的中心，几代人围着孩子转。即使孩子有足够的能力自理、自立、自主，家长也已经习惯了帮助孩子解决问题。怎样把孩子在学校建立起来的责任意识迁移到家庭中来呢？我们应该与家长随时沟通，让家长看到学生的能力，敢于放手；发现放手后的问题，及时指导；避免放手的误区，收放自如。

1. 肯定学生进步，树立家长信心

许多家长不是不愿意放手，而是不敢放手。"放手后很纠结，看他吃饭睡觉不规律、学习时总是托腮思考，也不会自己处理问题，心中怀疑是不是自己家的孩子就是'不打不成才'，就不能放手？担心孩子自己真的能做好吗？"回想孩子蹒跚学步时，即使孩子已经能够很好地独立行走，家长还是不放心，围在一旁，铺上地毯，在孩子的头上、胳膊上、腿上做好保护措施，足够信任孩子的时候才敢放手让孩子独立行走。而教师就可以将这份信心带给家长，及时地与家长沟通学生能够独立完成的任务，肯定学生的能力，让家长有信心、有胆量，逐步放心、放手。

例如镜头三中，晓晓一年级入学时在班级中年龄最小。在家，事情由家长包办，例如，书包是家长帮忙收拾的，刚到校时干净、整齐，放学时总是乱糟糟的，还经常少东少西。我建议家长让孩子独立收拾书包，却始终无果。因为家长觉得孩子不会收拾，也担心孩子忘带东西，会受到批评。

于是我开始着手培养他的自立能力，先从简单的整理书包开始。据我观察，早晨来到教室，晓晓将书包里的东西一股脑儿塞进桌洞。课前准备时拖拖拉拉，找不到要用的东西，写完字没有把铅笔、橡皮放回铅笔盒的

习惯。针对这种情况，我与晓晓做了一个游戏，请他随意说出一个在我办公桌上的东西，我背对着办公桌就能说出答案，让孩子感受到这就是整理带来的方便之处。随后我向学生介绍了我的小诀窍，先将书包划分区域，哪边放书、哪边放作业本、资料夹，哪边放笔袋，从上到下根据使用的顺序来摆放。到学校后，把物品放到桌洞中的相应区域，用完之后放回原处。在我的指导和示范下，学生完成了书包和桌洞整理。我当着学生的面给家长打了一个电话，表扬学生能够自己整理书包和桌洞，还发送了书包内和桌洞中的照片，家长很惊喜，学生心里也美滋滋的，回家后把家里的学习桌也整理得整整齐齐呢！

学生在家写作业效率低、质量差的现象也让家长非常头痛。经常会有家长和我交流，比如，孩子回家拖拖拉拉，无所事事，不知道先干什么，磨蹭到很晚，才开始动笔；孩子写作业，必须家长陪着、盯着，不陪就磨蹭；还有家长说，孩子觉得把教师布置的那点儿作业写完，就万事大吉了，往旁边一扔，"爸爸妈妈我写完了，你们帮我检查一下……"其实班里有一些学生，在学校就能完成作业，也有一些学生作业效率、质量越来越高，我会分学科给学生拍照片，发到家长交流群里表扬，标题是"高质量完成xx作业的孩子们！"和"xx作业有进步的孩子们"。他们为了能受到教师的表扬、家长们的赞赏，在学校里抓紧时间写作业，回家也先写作业，大大提高了学习效率，培养了他们合理利用时间的能力。这也树立了家长对于学生能够高质、高效完成作业的信心，从而更敢于放手，在家也不再时时刻刻催促学生写作业，也不会在学生遇到难题时就急于去教。学生定好闹钟，在约定的时间内高质、高效地完成作业，完成所有作业之后，对经过自主思考还是不会的难题再统一请教家长。

2. 悦纳学生问题，帮助家长支招

一年级入学以来，教师的电话简直成了热线。其中不少家长是打电话向教师求证作业是什么，明天春游几点到校，要带什么东西。孩子记得很明白，家长就是不相信，非要证实一下，就怕学生记不清，完不成任务受

到批评。但是回想我们的成长经历，谁没有犯过错呢？谁又不是在错误中一点点成长起来的呢？

诚然，刚开始放手时，孩子可能会不适应，管控不住自己，甚至会衍生出新的问题。马克思曾说："人要学会走路，也要学会摔跤，而且只有经过摔跤，他才能学会走路。"这时，教师首先要帮助家长放平心态，分析此阶段孩子的身心发展现状，接纳孩子暂时出现的问题，不要出现问题就焦虑，立刻冲到前面帮助孩子解决。

即便学生做错了，可以采用自然后果法的教育方式。自然后果法由法国启蒙思想家卢梭提出，反对对儿童进行说理教育，也反对对他们施以严酷的纪律和惩罚，主张让儿童通过体验其过失的不良后果去认识错误、吸取教训，学会服从"自然法则"，自行改正。

这样儿童所受到的惩罚，只是由其过失所招来的自然后果。例如，儿童故意损坏了自己的学习用品，不要急于惩罚，也不要急于给他更换新的，而是让他感受到没有学习用品的不便，从而认识和改正自己的错误。

所谓吃一堑，长一智。如果孩子因偷懒而少写了作业，家长不要急于批评。第二天到校，他肯定会受到不同程度的"惩罚"，这样会刺激孩子，让其态度更加认真，减少从而避免此类事情再次发生。即便是孩子没记清楚作业，家长可以与他一起想办法，向同学或教师询问时，不要让他感到这件事处理起来很简单，要让孩子意识到由于自己没记好作业给大家带来了很多麻烦。但此方法使用不要超过三次，不然会让孩子产生依赖。

3. 正确引导家长，避免走入误区

我班有一位学生品学兼优，有段时间却状况频出：网络上的流行用语甚至脏话随口就说，作业质量也大不如前。通过和家长的沟通得知，鉴于学生两个月幼小衔接阶段的优秀表现，家长对其比较放心，并且相信她已经有足够能力进行自我管理，所以撒手不管，全然不知学生独自在房间学习时心不在焉，经常分心做其他事；晚上偷偷在被窝玩手机到半夜。学生爱玩是天性，但如果像这样走入了误区，完全放手便等同于放纵。此外，

一年级刚入学时，也经常会有家长有这样的困惑：不干预孩子，自己焦虑；干预过多，又怕孩子不能成长。就这样放手了，又管控起来，孩子反抗得厉害，又放开手，反反复复，家长和孩子都身心俱疲。

放手的前提是树立规则。例如电子产品，不能搞"一刀切"，也不能任由学生掌握。尤其是寒暑假，父母外出工作，老人管教孩子，而孩子不听话的现象时有发生。在信息爆炸的时代，网络上内容良莠不齐，长时间玩手机也会越来越沉迷。我会建议家长和孩子一起探讨、达成协议，包括什么时候上网、上网内容是否健康、同学间聊天是否有正能量、上网时长是多少。当然，形成协议后，对是否遵守协议也应有相应的奖惩。

放手的关键是形成习惯。我一般会教育孩子每天回家进行四部曲，即"写—查—想—猜"。写，就是回家先做作业。做作业的顺序，可以是语、数、英，也可以先写简单的，再写复杂的。当然，从复杂的开始也行。总而言之，根据自己的喜好，调整好自己的学习兴趣，认真完成。查，是让孩子自主检查作业，比如用手捂着题目，再做一遍。不同的学科，检查的方法不同，比如，检查数学作业的方法比较多，可以用代入法、验算法、假设法等。孩子可以把出现的错误用一本"纠错本"记录下来，家长就可以根据他们的记录，了解他们知识掌握的程度。想，就是复习。让孩子把今天所学的各科知识回忆一下，便于承上启下地学习新知识。最后就是猜，猜猜明天老师上课能讲些什么，可不可以提前看看，做好预习，这样在明天的课堂上学习知识也会更加容易轻松，自己会更加自信。家长也可以经常问问孩子："你猜对了老师今天讲的内容了吗？"如果他说："猜对了。"可以夸张地表扬一下："你真厉害！连老师要讲什么都知道！了不起！"提醒家长，一定不要吝啬自己的表扬。有时候一句话，可能就会激起孩子学习的动力。这就是回家四部曲——"写—查—想—猜"。告诉孩子，挤出来的都是自己的时间，自己就是学习的主人、时间的主人。在家长、教师的鼓励、引导下，孩子做事有了条理，形成了良好的学习习惯，完成自己应该做的事儿，担当起了自己的学习任务。万事开头难，开始做的时候，建议家长稍微盯一下，渐渐地，学生形成了回家后的"四部曲"模式，家长就可以大胆地放手了。但也要时不时地沟通或者抽查，确保学生不偷懒。

在孩子小的时候，需要我们牵着他的手慢慢向前走。但在孩子长大的过程中，即使他们的步履不够稳健，我们也要学会逐渐放开我们的手。

四、小试牛刀

→ 情境一

上课学到神笔马良的故事时，小强说："其实坏人只是贪心，但是最终葬身大海，太可怜了！"

A. 王强，你应该分清是非，坏人这么贪婪，抢了马良的神笔，抓走马良，还一直欺负百姓，受到惩罚是应该的。

B. 这不是神笔马良故事的主旨，主旨是要让大家明白善有善报、恶有恶报的道理，不要理解偏了。

C. 小强，你真是个善良的孩子、如果你是马良，故事的最后会怎么对待坏人呢？老师和同学们想听听你的想法。

→ 情境二

体育课站队时，东明来晚了，入队时挤到了小南。小南生气地说："你来晚了还挤什么，踩到我了！"东明答道："这是我的位置，我就要站在这！"

A. 东明，你来晚了就不要挤了，站到队伍最后去吧！

B. 小南，你大气一点，让让小明吧！

C. 东明、小南，你们静下来，思考一个问题：为什么体育课前要站队呢？思考完之后再想一想今天你们有没有说得不对、做得不对的地方，能不能商量出更好的解决方式呢？

→ 情境三

午餐时，小悦说："老师，我的好朋友小雅不理我了。"

老师：

A. 小悦，回想一下，最近你和小雅之间有没有发生什么不愉快的事呢？要不要找小雅聊一聊呀！你们关系这么好，她会理解你的。

B. 去把小雅叫过来，我帮你们解决。

C. 不用担心，你们关系这么好，过几天就会和好了。

→ 情境四

梓萱的爸爸打来电话说："老师，孩子自己收拾书包，忘带英语作业本了，您能不能别批评他？我这就给您送到学校。"

A. 放心，这点小事我不会批评孩子的。

B. 梓萱爸爸，我很理解您，担心孩子忘带作业会有不便：讲题时没有参考，讲完也没法改错，老师也会提醒她。但是这会给孩子留下深刻印象，以后会写完一项作业就放到书包的相应位置，长此以往形成习惯，这样不是更好吗？您放心，明天孩子带来作业本，我会帮孩子改错的。

C. 不批评的话，孩子以后还会犯同样的错误，您来送作业反而是害了孩子。

→ 情境五

课间时，北辰来请教老师一道数学应用题的错题。

A. 这道题是刚讲过的，这么快就不会了。就是这个地方错了，先……，再……，就改对了。

B. 你的数学定义掌握得不好，回去看看书再做题。

C. 小辰，我们一起研究研究，这道错题是法则应用的错误还是计算的失误呢？为什么会出现这样的错误？下次遇到类似题目的时候该注意什么呢？

→ 情境六

小萌是花草管理员，但是经常会忘记浇水，每次都会有周围热心的同学帮助她。

A. 这是小萌的任务，让她自己完成，其他同学不要插手。

B. 小萌，你看咱班的花草，要么你忘记浇水，又饿又渴，要么好几位同学一起帮你浇水，又饱又撑，真可怜。咱们一起想个办法救救他们吧！

C. 小萌，你要负起责任，花草都快旱死了。

答案

情境一：C

情境二：C

情境三：A

情境四：B

情境五：C

情境六：B

成长，妙不可言

青岛天山小学

青岛市刘敏名班主任工作室 主编

中国海洋大学出版社

·青岛·

图书在版编目（ＣＩＰ）数据

成长，妙不可言 / 青岛天山小学, 青岛市刘敏名班主任工作室主
编. — 青岛：中国海洋大学出版社, 2022.12
    ISBN 978-7-5670-3027-5

    Ⅰ.①成⋯ Ⅱ.①青⋯ ②青⋯ Ⅲ.①学前教育—教学研究 Ⅳ.
①G612

    中国版本图书馆CIP数据核字(2021)第246639号

书　　　名	成长，妙不可言
	CHENGZHANG MIAOBUKEYAN
出版发行	中国海洋大学出版社
社　　　址	青岛市香港东路23号　　邮政编码　266071
出 版 人	刘文菁
网　　　址	http://pub.ouc.edu.cn
订购电话	0532-82032573（传真）
责任编辑	王　晓
照　　　排	青岛光合时代传媒有限公司
印　　　制	青岛国彩印刷股份有限公司
版　　　次	2022 年 12 月第 1 版
印　　　次	2022 年 12 月第 1 次印刷
成品尺寸	158mm×220mm
印　　　张	9.25
印　　　数	1~1000
字　　　数	296千
定　　　价	56.00元

如发现印装质量问题，请致电0532-58700166，由印刷厂负责调换。

编写说明

　　教育部颁布了《小学入学适应教育指导要点》和《关于大力推进幼儿园与小学科学衔接的指导意见》，山东省教育厅也印发了《山东省幼儿园与小学科学衔接实施方案》，上级文件以促进儿童身心全面适应为目标，围绕儿童进入小学所需要的关键素质，提出身心适应、生活适应、社会适应和学习适应四个方面的指导建议。

　　通过学习领会上级文件精神，刘敏老师组织工作室成员做了大量的工作，将小学入学"学校适应教育"转化为"家庭适应教育"。面向教师和家长两个层面做出关于幼小衔接方面系统化指导，研究出了教师、家长的"九字真诀"工作法：

教师九字真诀——

"细、则、巧"养习惯，

"静、慢、责"促自律，

"情、容、放"拓发展。

家长九字真诀——

"德、乐、融"养性情，

"立、防、勤"促自理，

"灵、思、学"拓见识。

在我们的研究中，教师、家长不断成长，我们撰写了这本《成长，妙不可言》。

《成长，妙不可言》分为"教师篇"和"家长篇"两部分内容，每部分都有9个主题的关键字。每章主要有4部分内容，分别是情景再现、为什么要研究这个主题、该做么做和牛刀小试。

具体来说，书中每章都是先围绕着3个从学校、家庭教育生活中常见的案例切入，引发教师和家长的共鸣，之后通过案例分析进行剖析，对之前情景再现的困惑，在"该怎么做"环节中找到症结，对症下药。每章的结束，采用"牛刀小试"的情境创设，让教师和家长运用本章所学解决实际问题，起到举一反三的作用，具有实操性。

特别是家长篇的设计，在"该怎么做"环节中，以图文并茂的形式融入了一些具体操作的方法指导，给予家长直观形象的引导，最大限度地发挥本书的作用，力求做到真正能让拿到此书的读者解决幼小衔接过程中的困惑。

与刘敏老师相识实属偶然。

由于工作原因，女儿从两岁起就跟随我辗转于世界各地，只在北京读过两年小学，其他时间都在国外英语学校就读。在她即将升入高中时，我们来到了新加坡。在这里，女儿坚定地选择了中文作为"母语"——中国人必须学好中文。然而，只有小学二年级基础，究竟从何学起？就在一筹莫展之即，刘敏老师如同天使降临，为女儿学习中文插上了起飞的翅膀。作为家长，有刘敏老师这样的名师在畔，我自然也不会放过学习做一名好家长的机会，不时与刘敏老师互动，探讨儿童学习，交流教育心得。于是，刘敏老师把她及工作室即将出版的书稿发给了我，我也把写过的记录女儿成长的博客链接发给了她。

《成长，妙不可言——家长篇》是一本写给家长的实用手册。表面上，这本书是用于指导父母帮助孩子做好幼小衔接的过渡，实际上，它完全可以作为儿童家庭教育中怡情益智的辅助读本。刘敏老师和她的团队以深入的调查研究和丰富的教学经验，结合教育理论和实践，编撰了一幕幕内容丰富、充满情趣的家庭小剧本，有情有景，有理有据。通过亲子互动，不仅可以帮助家长对孩子的成长做到心中有数，还教会家长针对

孩子成长中出现的问题做到手中有招。而对于孩子来说，正是在父母"润物细无声"的陪伴和关怀下，养成良好品格，提高生活能力，打好人生底色。

蒙刘敏老师不弃，让我为她这本书作序，实诚惶诚恐。我毕业于北京师范大学，对"得天下英才而育之"怀有不舍情怀，遗憾却始终无缘杏坛，毕生所学只用在了女儿一个人身上。自女儿出生起，我便用键盘记录她的成长，点点滴滴已逾百万字。也许正是这一点，让刘敏老师认为我还算是一名合格的家长。为人父母或许可以无师自通，身为"家长"却完全不同：家长之"家"，意味着父母与孩子同在团队，共同面对他人和社会；家长之"长"，意味着父母对这个团队负有构建、经营和提升的责任。可惜很多父母从没上过一天课，也没修过一门课，就冒冒失失闯入了"家庭"这个"场域"，各种困惑、忙乱、无奈甚至遗憾在所难免。

所以，读读这本《成长，妙不可言——家长篇》，很多问题迎刃而解。

于海英

2021.9.15 于新加坡

目 录

遵照道德准则生活
就是幸福的生活。
——亚里士多德

德

一、情景再现

→ 镜头一

最近发现孩子的书包里总是多了点东西，虽然奇怪，但是也没有太在意，直到有一天从孩子书包里翻出了一大袋铅笔（约有 20 支），而平时我都是给她准备 5 支铅笔，别人送的也不会一下子送这么多。难道……我忽然感到了事情的严重性，于是想冲到孩子面前一问究竟，但是又怕伤害孩子的自尊心，一时间竟不知该怎样开口去问。

→ 镜头二

平时我和孩子爸爸工作都很忙，所以一到周末，我们就带孩子一起外出游玩，想多陪陪孩子。可是每次出去的时候，孩子什么东西也不拿，还将自己的东西一股脑儿扔给我们，玩耍时发现自己的东西没带时又大发脾气。爸爸告诉他要自己的事情自己做时，他总是嚷嚷着："我只是小孩子，大人就应该给小孩子做这些事情。"

→ 镜头三

最近和班主任沟通后了解到，孩子在校很浮躁且没有规矩。特别是班级组织集体活动时，孩子总是跟其他同学步调不一致，不服从组织管理，到处乱窜，没有时间观念和自制力。老师的反馈让我忽然意识到：给孩子树立规则意识刻不容缓。

二、为什么要养"德"

教育家陶行知先生曾说:"道德是做人的根本。根本一坏,纵然使你有一些学问和本领,也无甚用处。"儿童是社会成员的重要组成部分,他们也是成长中的小公民。他们道德素质的发展状况,是社会道德水平的重要标志。帮助儿童养成良好品德,既是德育教育的基本内容,又是德育教育的重要目标,而且他们的道德素质状况将直接关系到新一代国民的道德水平。

对于青少年成长而言,良好的心理状态能够保持内部系统的和谐、稳定,优秀的品德养成能够使人充分融入当下的社会环境。心理健康是学生成才的前提,同时为品德养成奠定坚实基础,两者共同作用,帮助学生实现个人价值与社会价值的和谐统一。社会适应性是衡量个体社会化程度高低的一个重要指标,而良好的道德品质则是社会发展对一个人的起码要求。小学特别是低年级阶段,是培养个体良好的社会适应性及品德的关键时期。在这一连续的过程中,家庭教育对于培养学生良好的社会适应性、品德、行为习惯具有学校教育或社会教育不可替代的重要作用。因此,家长应该充分认识到家庭教育的重要性,从而在家庭教育的具体实施过程中,自觉地采用正确的教育方式,对子女树立相对理性的教育期望,在教育观念上纠正一些不合理或不切实际的教育倾向。

三、家长该怎么做

第一,以身示范,明辨是非。

自古以来,中国就重视道德教化。"勿以善小而不为,勿以恶小而为之。"这是告诉我们,一个人要有是非观念,明辨善恶,有良好的品德。

镜头一当中,孩子的妈妈发现孩子书包里总是多了点东西,她虽然奇怪,但是也没有太在意,直到有一天从书包里翻出了一袋铅笔(约有20

支），感到了事情的严重性，很想问个究竟，但她又怕伤害孩子的自尊心而不敢去问孩子，内心十分焦虑。经过和班主任的沟通，在其协助和调查之下，这个孩子的妈妈了解到，孩子最近有随意拿走别人物品的问题，然而孩子好像并不认为这是一件不好的事情。于是在老师的指导下，回家以后，妈妈主动和孩子交流，进行角色互换："假如是你的东西被别人拿走了，你会是什么感受？开心还是不开心？如果你觉得不开心，那为什么要对别人做这样的事情？这样做是不道德的，也是不合规矩的。"第二天，妈妈带着孩子一起在学校门口主动和几位同学的家长承认错误并致歉，当孩子看到妈妈对于这样一件小事如此严肃地向别人道歉时，她的内心触动很大。这让孩子充分认识到了自己的错误，知道了什么该做什么，什么不该做，做错了就要负责任。不仅如此，她还经常监督班里的同学有没有她这样的错误，如果有的话她会主动劝阻，从此以后班里再也没有出现某同学丢东西的现象。

"家庭是习惯的学校，父母是习惯的教师。"家庭是学生接受教育最早、时间最长的场所，家校合作关系的建立有利于培养学生良好的行为习惯。当孩子还没有树立起正确的是非观、道德观时，家长要明白此时的孩子犯错或许只是缺乏正确的道德观念，也就是"有错不知错"。因此，家长应该及时以身示范，为孩子树立榜样，激发孩子形成正确的是非观念并增强是非感，并以正确的是非观，不断巩固孩子新的行为习惯，继而形成良性循环，促进其优良品德的基本养成。

第二，小小主人，勇担责任。

列夫·托尔斯泰曾说："一个人若是没有热情，他将一事无成，而热情的基点正是责任心。"责任心是一个人立足社会、获得事业成功至关重要的品质。然而现在许多父母过多地注意孩子的智力和身体的发展，对责任心的培养却不大重视，这对孩子的成长、成才很不利。

责任心是孩子健全人格的基础，是能力发展的催化剂，培养责任心是孩子成长的必修课。在大力提倡素质教育的今天，家长应用自己的爱心、

耐心和智慧去培养孩子的责任心。在学校里，经常会有孩子对地面的垃圾视而不见，面对老师的询问，总是说"不是我扔的"，或者说"没有看到"，而替自己开脱。家长可以想到，孩子在家中看到垃圾或者杂物是否也是同样的反应？这时我们应该让孩子意识到：垃圾在附近，就有责任将它捡起来。正确的做法是赶快将它捡起来，并道歉："对不起，这是我的责任。"镜头二当中孩子理所当然地把自己的事情扔给大人的表现，正是因为家长对孩子责任感教育的缺失。

美国品德教育联合会主席麦克唐纳曾说："能力不足，责任可补；责任不够，能力无法补；能力有限，责任无限。"对孩子进行责任意识和责任感的教育就是让孩子学会对自己负责，对他人负责，从而对社会负责。曾看过这样一则报道，讲美国一个小学生因破坏性行为受到停乘校车一周的处罚，孩子只好每天步行上学。有人问他的母亲为什么不用家里的汽车送他去上学，孩子的母亲坚决地说："不，他应该对自己的行为负责！"

孩子处于成长之中，许多时候他们不知道责任是什么，所以为了培养孩子的责任心，家长可以适当地让孩子承担一下做事情不负责任的后果，教孩子如何去面对并接受这次失败的教训，从中获得成长。比如镜头二中的妈妈就可以让孩子将所需的物品收拾好，外出游玩时要自己看管好自己的物品，以此激发孩子的自我责任感。

此外，孩子责任心的培养需要相应的能力和情感，而且必须在一定情境中通过亲身的活动来进行。要培养孩子的责任心，就必须让孩子实际承担责任。家庭是孩子发育成长的最重要场所，因此培养孩子的责任心可以从家庭入手，让孩子在学习之余承担一定的家务劳动，从而让孩子明白生活中不仅有享受，还必须负有一定的义务和责任。例如，饭前准备餐桌、饭后收拾餐桌、洗碗、倒垃圾、洗自己衣服。通过这些家务劳动，孩子能体会到自己是家庭的小主人，是社会的小主人，应该对家庭、社会尽自己的一份责任。让孩子积极地参与到家庭生活的方方面面，让孩子感觉到他不是家里的客人而是主人，当孩子体会到他在整个家庭里并不是可有可无

的，他确实是被家庭所需要的时候，他对家庭的责任感也会油然而生。

雷锋曾说："我们是国家的主人，应该处处为国家着想。"责任心是人的综合素质中极其重要的组成部分，它可以促使人去努力完善自我，可以促使人奋发上进。一个人有责任心，才会对自己负责，对他人负责，对家庭负责，对集体、社会、国家负责，做一个有益于人民、集体、国家的人。孩子的责任心基础不扎实，方向不明，必须依靠家长对其耐心培养教育，使责任心牢固地占据他们的心田，使他们成为家庭、国家小主人。

第三，实操训练，为您支招。

规则是一种准则，更是一种责任；是一种约束，也是一种保护。讲规矩、守纪律是中华民族的优良传统，也是衡量一个人、一个家庭文明程度的天平。

镜头三中的孩子在班级组织集体活动时，总是跟其他同学步调不一致，不服从组织管理，到处乱窜，缺乏时间观念和自制力。面对这样的情况，家长应该及时给孩子纠正不良习惯，引导孩子养成规矩意识，学会遵守规则。没有规矩，无以成方圆。家长在孩子刚懂事的时候，在一些不起眼的生活细微之处给孩子说明遵守纪律、按照规则约束自己的理念，逐渐成为他们的自觉行动。教育孩子遵守游戏规则，玩到了规定的时间，要自觉退出；在公共场合要守秩序，例如，在儿童乐园游戏区玩耍，如遇人太多时，不可以插队，要耐心排队。

让孩子遵守规则，家长注意要在孩子心中树立起威信和威严。比如教育孩子自觉遵守劳动纪律，首先自己也要做到；在孩子不遵守规则的时候，要能令行禁止，能及时起到教育、制止、威慑的作用。

所谓"德"就是要让孩子在明辨是非的过程中，逐步学会承担责任、遵守规则。品德是立身之本，而规则就像一种社会契约，每个人都应当遵守。在家庭教育当中，父母一定要把品德养成教育和规则意识培养贯穿于家庭教育当中。

具体应该如何做呢？下面为您支招：

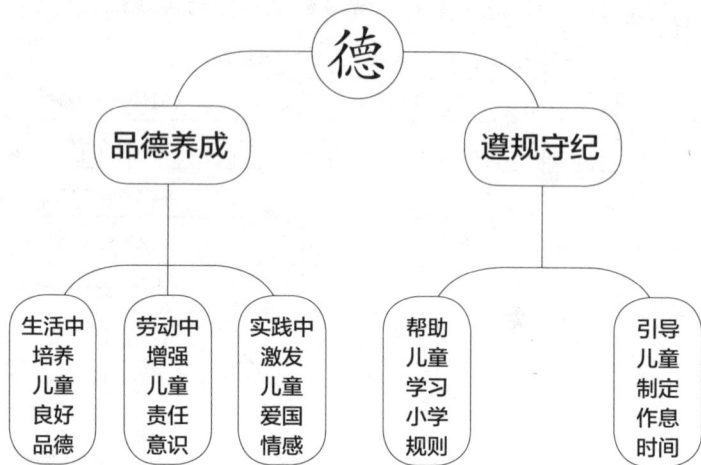

```
                    德

        品德养成            遵规守纪

   生活中   劳动中   实践中    帮助     引导
   培养     增强     激发      儿童     儿童
   儿童     儿童     儿童      学习     制定
   良好     责任     爱国      小学     作息
   品德     意识     情感      规则     时间
```

（一）立身之本——品德养成篇

品德养成方面的适应教育是要让孩子具有初步的责任感，诚实守信、热爱集体，有助于其积极适应新学校，参与社会生活，形成对家乡和祖国的归属感和认同感。

您可以这样说、这样做——

（1）注重在日常生活实践中培养孩子的良好品德。例如，当孩子与身边的伙伴发生矛盾冲突时，引导孩子思考"我做得对不对？""好朋友应该怎么做？""如果我错了应该怎么办？"，等等，引导孩子正面面对自己的问题，同时学会认错，道歉，并主动与同伴友好相处。

（2）增强孩子的集体责任感。教会孩子学做家务，进行"自己的事情自己做""我爱我家""我是小主人"等意识培养，让孩子在家庭中承担责任，从而引导孩子作为班级的一员也要承担责任。

（3）激发和培养孩子爱家乡、爱祖国的情感。在清明节、国庆节等节日带孩子参加祭奠烈士、升旗仪式等活动，走进红色革命教育基地等，让孩子得到情感熏陶，从小热爱祖国、热爱家乡。

★小小锦囊①——家庭劳动清单

"居家劳动促成长美好生活共创造"劳动实践记录表

班级：　　　　　　　姓名：

日期	劳动内容	自评或家长评
		☆ ☆ ☆ ☆ ☆
		☆ ☆ ☆ ☆ ☆
		☆ ☆ ☆ ☆ ☆
		☆ ☆ ☆ ☆ ☆
		☆ ☆ ☆ ☆ ☆
		☆ ☆ ☆ ☆ ☆
		☆ ☆ ☆ ☆ ☆
		☆ ☆ ☆ ☆ ☆
		☆ ☆ ☆ ☆ ☆
		☆ ☆ ☆ ☆ ☆
		☆ ☆ ☆ ☆ ☆
		☆ ☆ ☆ ☆ ☆
备注	1. 劳动项目内容等根据自身能力进行自主安排； 2. 评价栏里可以自评（涂星星），也可以由家长进行评价。	

★小小锦囊②——红色教育学习实践基地推荐

青岛红色教学学习实践基地

红色党史教育实践基地	所属街道	所在地址
1. 李慰农公园	八大峡街道	西陵峡路东端，太平路 16 号
2. 青岛航海展览馆	八大峡街道	团岛三路 16 号
3. 八大峡广场"重走长征路"（在建）	八大峡街道	巫峡路 2 号
4. 云南路社区科普馆	云南路街道	寿张路 45 号
5. 云南路党史展览馆	云南路街道	寿张路 45 号
6. 光影 1907	中山路街道	湖北路 7 号
7. 老舍故居	江苏路街道	黄县路 12 号

（续表）

红色党史教育实践基地	所属街道	所在地址
8. 江苏路街道安防综合体验馆	江苏路街道	龙江路 37 号乙
9. 青锋汇党群服务空间	江苏路街道	黄县路 12 号乙
10. 闻一多故居	八大关街道	鱼山路 5 号
11. 青岛地质之光展览馆	八大关街道	湛山二路 1 号
12. 湛山街道华润红色驿家	湛山街道	山东路万象城内
13. 湛山街道"城市之窗"红色影厅	湛山街道	山东路万象城内
14. 地铁中心（在建）	湛山街道	五四广场地铁站
15. 香港中路街道党史一条街	香港中路街道	闽江路与山东路交界处
16. 金湖路街道新 100 党群服务中心	金湖路街道 八大湖街道	南京路 100 号
17. 青岛消防博物馆（在建）	金湖路街道	金湖路 16 号
18. 市南区图书馆	金门路街道	大尧三路 19 号
19. "金门一家亲同心亦家"党建引领基层治理动员中心	金门路街道	长汀路 2 号
20. 市南区党史宣传长廊	珠海路街道	银海大世界院内
21. 初心广场	珠海路街道	珠海路与汕头路交界

（二）发展之钥——遵规守纪篇

儿童具有明确的规则意识、较强的执行规则的能力，培养遵规守纪的意识，有利于适应并遵守新的班规、校规，逐步融入集体生活。

您可以这样说、这样做——

（1）结合《中小学生守则》的内容，通过和孩子进行角色扮演的小游戏，加深孩子对遵守规则的理解和认识，孩子做不到时，请家长进行示范和训练。

（2）孩子做某件事时之前，让他做好充分的准备，明确需要完成的时间，一旦开始不允许以各种借口拖延时间（如来回走动）；也可以给孩子准备一个小闹钟，定好时间限制，和孩子制作一张作息时间报表，要求孩子按照时间表做相应的事情，自我监督，遵守规矩。

★小小锦囊③——《中小学生守则》内容

中小学生守则

1. 爱党爱国爱人民。了解党史国情，珍视国家荣誉，热爱祖国，热爱人民，热爱中国共产党。

2. 好学多问肯钻研。上课专心听讲，积极发表见解，乐于科学探索，养成阅读习惯。

3. 勤劳笃行乐奉献。自己事自己做，主动分担家务，参与劳动实践，热心志愿服务。

4. 明礼守法讲美德。遵守国法校纪，自觉礼让排队，保持公共卫生，爱护公共财物。

5. 孝亲尊师善待人。孝父母敬师长，爱集体助同学，虚心接受批评，学会合作共处。

6. 诚实守信有担当。保持言行一致，不说谎不作弊，借东西及时还，做到知错就改。

7. 自强自律健身心。坚持锻炼身体，乐观开朗向上，不吸烟不喝酒，文明绿色上网。

8. 珍爱生命保安全。红灯停绿灯行，防溺水不玩火，会自护懂求救，坚决远离毒品。

9. 勤俭节约护家园。不比吃喝穿戴，爱惜花草树木，节粮节水节电，低碳环保生活。

★小小锦囊④——家庭作息时间表参考图

小学暑期作息时间表

时间	活动安排	备注
7:00	起床	
7:00-7:20	上卫生间、洗漱	
7:20-7:40	吃早餐	

（续表）

时间	活动安排	备注
8:00-8:30	家长教学	
8:30-9:30	练习或作业（要求准确率）	
9:30-10:00	自由活动（除看电视外其他事情都可以做）	
10:00-11:00	练习画画或看课外书	
11:00-11:30	午餐	
12:30-14:10	午休	
14:20-15:30	做作业（要求准确率）	
15:30-16:00	休息、眼睛远眺、自由锻炼	
16:00-17:00	阅读课外书或背诵一篇作品（诗歌、小故事、小短文等）	
17:00-17:30	练字	
17:30-18:00	看动画片	
18:00-18:30	吃晚餐	
18:30-19:30	听从大人安排	
19:30-20:00	洗澡	
20:00-20:30	听从大人安排	
20:30	刷牙、睡觉	

　　每一个孩子都在家庭的滋养下自然成长。家长需要在家庭教育中注重孩子的品德养成和遵规守纪方面，让孩子以德立身、以矩示人，从小培养孩子正确的是非观念、道德情操，让孩子遵规守矩，具有责任感，为孩子的发展营造幸福的环境。

四、小试牛刀

→ 情境一

　　在公园游玩时，小丽跟一起玩耍的小伙伴吵了起来，小丽的妈妈了解到原来是小丽不小心把对方的气球踩破了，对方很生气地让小丽赔气球，可小丽认为自己不是故意的，理直气壮，不肯退让。

A.耐心地说："小丽，我们换位思考一下：如果她把你的气球弄坏了，你会开心吗？当然不会。你把别人的东西损坏了就是你的不对，即便不是故意的也给别人造成了损害，仍然要道歉取得别人的原谅，还要进行赔偿。这样小伙伴才有可能继续和你做朋友，因为你是一个能够知错就改、有礼貌的好孩子，你觉得呢？

B.气冲冲地说："小丽，你赶紧去道歉，否则以后妈妈不带你出来玩了！"

C.袒护孩子并告诉孩子气球不值钱，赔偿对方钱财，以后不和对方玩耍。

→ 情境二

走在街上，倩倩随手就把喝完的奶茶塑料杯扔在地上。妈妈制止她，她却说反正环卫工人会捡起来。

A.觉得孩子说得有理，直接无视。

B.妈妈直接将塑料瓶捡起来扔到垃圾桶里。

C.妈妈将塑料瓶捡起来，递给倩倩并告诉她：每个人都是城市的小主人，都有爱护城市的责任，扔掉垃圾不只是环卫工人的责任。相信她身为小主人，一定知道应该如何做。

→ 情境三

在家和爸爸进行亲子游戏时，妙妙连续输了好几次，因此闹脾气甚至不守游戏规则。

A.故意输给妙妙哄她开心。

B.讲好游戏规则再进行，明确不能因为输赢而不守规则，鼓励孩子要有不怕输、继续尝试的勇气。

C.换简单的游戏玩，增强孩子自信心。

→ 情境四

小新是一个挑食的孩子，几乎每次都会剩饭。

A. 只做孩子喜欢吃的饭菜,将孩子的剩饭吃掉以免浪费。

B. 训斥孩子之后将剩饭倒掉。

C. 告诉孩子合理健康饮食的重要性,给孩子观看相关的小视频,并告诉孩子粮食来之不易,或者让孩子尝试种水稻,并给孩子讲《悯农》这首诗的意思,讲讲周恩来爷爷节俭的感人故事等,让孩子内心有触动,争做勤俭节约的人。

→ 情境五

晚上爸爸下班回家,看见孩子和妈妈因为孩子不专心写作业的事情争吵。妈妈甚至被孩子气哭,孩子不为所动,还是不断用言语顶撞妈妈。爸爸会怎么做?

A. 指责妈妈不会管教孩子,并训斥孩子老老实实写作业。

B. 安抚妈妈到客厅休息冷静一下,然后单独和孩子进行沟通,引导孩子要理解妈妈的良苦用心,尊重妈妈,也让孩子说明自己的理由,然后和孩子一起商量集中注意力的方法,最后让孩子主动向妈妈道歉并表达自己的决心。

C. 工作累了,不想管教。

→ 情境六

放假了,妈妈与小翔约定要少看电视,但是小翔看电视还是特别频繁,超出了和妈妈约好的看电视的时长,即使妈妈反复提醒,也迟迟不肯关电视。

A. 平心静气地和孩子沟通,侧面告诉孩子长时间看电视对视力的不良影响,希望他能懂得自我保护,并约定好每天看电视的具体时长,希望孩子做一个守信用的孩子。

B. 大声呵斥孩子去写作业。

C. 拔掉电源,不准孩子再看电视。

参考答案

选择正确选项将得到一颗☆，您可以请孩子涂上你们喜欢的颜色。

情境一	A	☆
情境二	C	☆
情境三	B	☆
情境四	C	☆
情境五	B	☆
情境六	A	☆

测评结果

★★★★★★	荣获六颗☆，祝贺您，孩子幼小衔接的旅程中因有您的陪伴而精彩！
☆☆☆☆☆	荣获五颗☆，您做得非常不错了。
★★★★	荣获四颗☆，还不错，再接再厉！
☆☆☆	收获三颗☆，还可以，继续努力哦。
★★	获得两颗☆，建议您再读读本章节的内容，相信下次会更棒。
☆	获得一颗☆，请问是哪里遇到问题了吗？请您静下心来，跟随我们的文字和图片一起去感悟孩子成长的美好吧。相信再来选择时，一定会找到教育孩子的好办法。

一切的和谐与平衡、健康与健美、成功与幸福、都是由乐观与希望的向上心理产生与造成的。

——乔治·华盛顿

乐

一、情景再现

→ 镜头一

幼儿园毕业典礼结束后，孩子说："妈妈，我要上小学了吗？是不是就再也见不到幼儿园的老师和好朋友了？小学老师是不是很严厉啊？我好害怕啊，唉！"听孩子这么说，我也有些焦虑，害怕他没法适应小学生活。果然，小学开学第一天，他在校门口哇哇大哭，说自己肚子疼、头疼，抱着我不让我离开……

→ 镜头二

为了不让孩子输在起跑线上，我在书城中选购了一大箱课外辅导书。孩子打开箱子一看，吃惊地发现，竟然没有一本是自己喜欢的科技类图书、故事书，于是失望地走开了……开学前，淹没在字帖、识字卡片和各种练习题中的他，不爱说话了。于是我对他进行了严厉的批评，帮他制作了一日学习作息表，可他不仅没有好转，反而开始顶嘴反抗，或者故意慢吞吞的。

→ 镜头三

孩子上小学以后，基本每天回来都很兴奋地和我说学校里的事情。这一天却很反常，细问之后才知道是因为没有得到老师的表扬，很不开心，还伤心地问我是不是老师不喜欢自己了。孩子上学之后，难免会遇到不开心的事情，我该怎么帮助孩子缓解这不良的情绪呢？

二、为什么要育"乐"

"凡人生之生也，必以其欢，忧则失纪，怒则失端，忧悲喜怒道乃无处。爱欲静之，遇乱正之，勿引勿摧，福将自归。"对于每个人而言，"乐"是照亮生命的一束阳光，幼小衔接阶段的孩子经历着人生一次重要的转折，快乐对于他们来说意义重大。快乐能增强孩子的自信，让他们性格开朗和乐观，充满勇气和激情，不容易向困难和挫折低头；快乐有助于孩子身心健康，它能释放紧张，减轻和松弛因压力而导致的焦虑和恐惧，从而平衡心态。

"父母之爱子，则为之计深远。"相信每位家长希望给孩子一个快乐的童年，知道健全的人格对孩子一生的重要性。积极向上的心态能够让孩子爱上生活、认识自我、乐于学习、善于沟通、懂得感恩、勇于追逐梦想，不经意间就很容易达到"学而时习之，不亦乐乎？"这一我们期待的状态。"一个人长大了若不能怀恋自己童年的痴拙，若不能默然长思或仍耿耿于怀孩提时光的往事，当是莫大的缺憾。"

家长一定要摒弃过高的期望值和过度的控制，尽可能地保护孩子的童真和天性，通过乐观的态度去感染孩子，让温馨有爱的家庭氛围环绕孩子，让他们在平等和尊重中与家长进行交流，营造轻松愉快的亲子状态，对他们遇到的困难及时施以援手。孩子们得到的快乐，不仅是舒适温饱的满足，还是在自己的生命中对于价值意义的追求：心愿得以实现，好奇得以满足，精神获得愉悦……

三、家长应该怎么做？

第一，营造氛围，愉悦生活。

瑞典教育家爱伦·凯指出："环境对一个人的成长起着非常重要的作用，良好的环境是孩子形成正确思想和优秀人格的基础。"家庭教育事实

上就是家长与孩子共同生活学习的过程。在这个过程中，当家长信心满满，积极乐观，孩子也会呈现出这样的状态；反之，如果家长终日愁眉苦脸，焦虑抱怨，那孩子也并不会接收到任何快乐的情绪，自然也会逐渐地成为不快乐的人。

那么，如何营造快乐积极的家庭氛围呢？首先，需要让家庭成为爱的港湾，家长在与孩子以及其他亲人交流的过程中保持稳定的情绪，热情良好地沟通，互相尊重；其次，多利用碎片化的时间陪伴孩子，做一些简单、有趣的家庭活动和户外实践；给予孩子自主选择的机会；当意见不一致的时候，不要急着争执，更不能随意打骂，要鼓励孩子发表自己的见解，在家庭决策时多使用民主的方式进行讨论。

"欲教子者先正其身。"除了在情绪上做孩子的榜样，一个家庭中，如果父母认为学习很快乐，那么孩子也会认为学习很快乐。"允许孩子们以他们自己的方式获得快乐，难道还有比这更好的方法？"我们可以在睡前或者饭后与孩子进行愉快的亲子共读。基于孩子的年龄特征，可以用演一演、玩一玩的方法激发孩子的阅读兴趣；与孩子一起观看纪录片、科教节目，感受世界之大、科技之美；还可以与孩子一起动手制作有趣的学具，贴一贴、画一画，创造游戏式的学习方法，让孩子在闯关中收获知识，沉浸在学习的快乐中；对于孩子来说，没有什么能比真诚、恰当的鼓励更能激励他们去快乐、积极地生活了。家长一定要充分地理解和包容孩子在成长中不可避免的错误和缺点，如果孩子犯错，切忌给孩子贴标签或者强制执行惩罚，要就事论事，用正面的语言和行为进行引导。对于孩子的闪光点，要拿起"放大镜"，给予他们热忱的赞赏和鼓励。

第二，尊重引导，分享交流。

有效的沟通能够拉近孩子与家长的距离，打开彼此的心扉，这需要"良好的模范、恳切的语言和真诚坦白的同情"，更需要家长放下成人的身段，平等、尊重地观察孩子的情绪和需要，俯下身子理解他们的语言。

初到一个陌生的环境，孩子一定会感到既兴奋又担忧。刚刚进入小学

的他们一定会有诸多的新鲜事与家长分享，也会遇到一些困难想要向家长求助。这时候，家长的共情、接纳、分析、反馈显得尤为重要。在家访中，经常有家长反映孩子与上幼儿园的时候很不一样。一部分家长说曾经乖巧的孩子变得不怎么与自己说话，经常闷闷不乐，或者容易情绪失控、发脾气，但是我观察这些孩子在学校中的情绪很稳定，与同学的相处也相对和谐、融洽。这说明，家长与孩子的沟通出现了障碍，孩子越来越感受不到自己被倾听、被理解，在家庭中不知道应该怎样释放自己的情绪，这样下去不仅孩子的沟通能力会受限，心理健康也会出现问题。还有一部分的家长很会把握孩子身心发展的这个转折期，每天利用上放学的时间热情与孩子进行沟通交流，仔细观察孩子的变化，充分聆听他们的心声，排解孩子苦恼，给孩子提供建议。当孩子分享自己的见闻时，这些家长从不打断孩子，反而用一种热情和兴致勃勃的状态去倾听接纳，然后结合着自己儿时的事件去分析、反馈，让孩子明白自己的内心感受很受重视，而童年的困惑、焦虑都是正常的，正确地认识了情绪。当孩子遇到困难和伤心事的时候，这些家长仍然保持着友善、信任的状态，让孩子大胆地表达，并利用身体语言去安抚孩子，负责任地与孩子一起分析问题、解决问题，过程轻松愉快，不掺杂成年人的焦虑，孩子的许多负面情绪被排解，孩子也变得更加积极向上。

　　总之，聪明的家长在与孩子沟通交流时常常扮演三种角色：倾听者，在平等、尊重的基础上细心观察并热忱倾听，做孩子的亲密朋友；引导者，引导孩子正确地认识情绪，通过自身的经验对孩子施与正面影响；协助者，在沟通的过程中协助孩子发现问题、解决问题，收获成长的快乐。

　　第三，实操训练，为您支招。

　　"乐"是"一切予人向上和希望、促使人不断追求，一切让生活变得圆满的动力和方向。"做父母最欣慰的事是什么？莫过于当孩子长大了，我们看到他们积极向上地行走在人生道路上，带着喜悦和满足。那么，作为家长，如何帮助孩子在"乐"中生活，在"乐"中成长呢？我们来为您

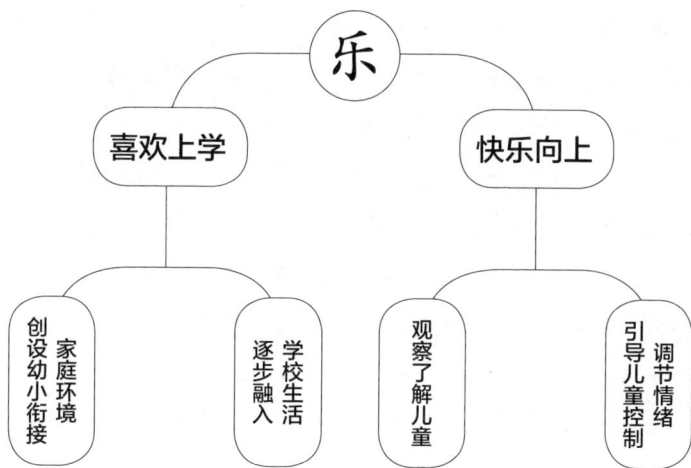

```
                          乐

          喜欢上学                    快乐向上

    创设幼小衔接        学校生活        观察了解儿童      引导儿童控制
    家庭环境           逐步融入                        调节情绪
```

支招。

（一）光荣小学生——喜欢上学篇

喜欢上学，是儿童入学适应的起点，积极的入学体验有助于儿童顺利开启小学生活。

第一，创设与幼小衔接的家庭环境。家长可以尝试用游戏的方式开展家庭活动，增加户外活动；与孩子一起在家中张贴温馨的图文提示，帮助他们提前了解校园生活和环境。

您可以这样说、这样做——

（1）与孩子一起为家中的电器以及日常用品制作、张贴或悬挂识字卡片、小黑板等，营造入校后需要的学习环境。

（2）入学前与孩子一起畅想小学校园的样子，鼓励孩子用画笔画一画自己对小学的想象。

（3）利用睡前或者午后，用"我读你演"等游戏方式进行亲子共读，带领孩子多参与学校及班级活动。

★小小锦囊①——名称卡片助识字

卡片助识字

★小小锦囊②——边画边讲我的校园

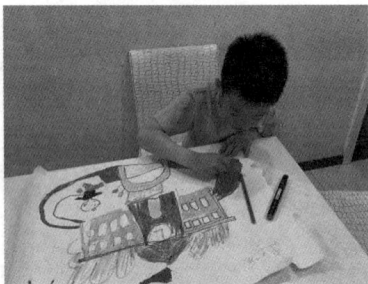

画讲校园

第二，帮助孩子逐步融入学校生活。入学初期，家长应多关注孩子在生活和学习中的需求，帮助孩子逐步熟悉环境，认识老师和新同学。镜头一中，孩子对新学校产生了恐惧，家长应该及时地身体力行，帮助孩子克服焦虑，鼓励、引导孩子爱上校园生活。

您可以这样说、这样做——

（1）带孩子参观了解一下学校及周边的情况，表达对学校的情感："这学校好大啊，这么漂亮的操场，我都想来了。"

（2）鼓励并陪伴孩子积极参与学校和班级组织的活动。

（3）在家庭交流时谈谈新老师和孩子交到的新朋友。

★小小锦囊③——圆桌会议聊一聊

圆桌会议

★小小锦囊④——参与活动获效能

参与活动

（二）调节小能手——快乐向上篇

快乐向上的情绪有助于儿童适应小学生活，面对新环境不紧张、不焦虑。

第一，注重观察、了解儿童。观察入校后孩子的行为表现和情绪状态，及时了解他们的需求和问题，用正面、积极的方式引导儿童排解不良情绪。镜头二中，家长没有了解孩子的需求，一味强加学习任务，导致孩子的行为表现和情绪状态出现问题。

您可以这样做、这样说——

（1）和孩子谈谈自己当年上学的趣事。

（2）鼓励孩子："你长大了，就要成为一名小学生了，今后能学到更

多的本领呢。"

（3）家长要保持乐观向上的状态，以多种形式的家庭活动调动儿童的积极情绪。

★小小锦囊⑤——巧用交换日记

家长可以与孩子共同制作一本有趣的交换日记，用绘画以及孩子刚学习的生字、拼音组合聊一聊彼此的小学生活。

★小小锦囊⑥——情绪晴雨表

星期	星期一	星期二	星期三	星期四	星期五	星期六	星期日
心情							

情绪晴雨表

第二，引导儿童控制和调节情绪。理解并接纳儿童的情绪变化，引导儿童正确认识自己的情绪，学会控制情绪并用恰当的方式表达。镜头三中，家长发现孩子有了情绪后，需要帮助孩子认识到难过的情绪是可以被接受的，遇到的困难也可以合理解决。其实家长只需要用拥抱或者其他身体语言与孩子共情，再引导调节，孩子的情绪很容易就趋向正面。

您可以这样做、这样说——

（1）回家后鼓励孩子和家人交流、分享，使孩子感到上小学是一件值得高兴的、光荣的、骄傲的事。

（2）鼓励孩子主动表达不开心的事情，给予孩子缓解情绪的时间和空间，协助孩子寻求解决方法。

（3）鼓励孩子保持积极向上的情绪面对学习、生活中遇到的困难，愿意尝试自己解决问题。

★ 小小锦囊⑦——涂色表达情绪

涂色——花

★ 小小锦囊⑧——音乐缓解情绪

与孩子一起听听轻音乐，让情绪跟随音乐流淌。

听音乐

"教育孩子的实质在于教育自己，而自我教育则是父母影响孩子最有力的方法"。而孩子的心灵为接受一切美好的事物而敞开。和谐、友爱的家庭，就是孩子良好的成长环境；乐观积极的父母，能成就幸福的孩子。

四、小试牛刀

→ 情境一

快上小学了，孩子突然说："妈妈，我不想上学，还想继续上幼儿园。"

A. 不可能，别的小朋友都去上学，你去幼儿园很丢脸。

B. 宝贝，成为小学生可是很光荣的事，说明你长大了，而且小学生活丰富多彩，我相信你会喜欢的。

C. 不理会孩子的话，继续做自己手头的工作，开学直接把孩子送学校去。

→ 情境二

孩子升入一年级后，朋友告诉你，不能让孩子输在起跑线上，课后一定要给孩子布置大量的学习任务。

A. 绝对相信朋友，马上去书店选购课外辅导书和练习题，回家就给孩子布置每天的学习任务。

B. 自己多学习育儿知识，根据儿童的成长规律和孩子的需要，有的放矢地安排生活和学习，劳逸结合。

C. 孩子上了一天学，一定很累，放学回来尽情地玩耍就可以了。

→ 情境三

孩子放学回来说，下周学校要搞艺术节活动，可以邀请家长一起参赛表演。

A. 热情回应，并结合平日的亲子活动，与孩子一起构思节目，鼓励孩子自信参与！

B. 遗憾地说："工作忙得很，哪有时间陪你参加！"

C. 担心地说："哦，你可以吗？别的小朋友都很厉害吧！"

→ 情境四

孩子今天回到家，情绪不高，不怎么爱说话。

A. 摸摸孩子的头，提议道："孩子，我们一起涂涂七色花吧，用颜色表达你的情绪，告诉我今天都发生了什么？"

B. 带孩子玩游戏，转移注意力。

C. 马上给老师打电话，质问自己孩子怎么不高兴。

→ 情境五

孩子今天在学校摔倒了，膝盖流血很严重，孩子疼得哇哇大哭。

A. 鼓励孩子："男子汉不能哭！就磕破点皮，没事！"

B. 拥抱孩子并安慰他，一边处理伤口，一边与孩子聊聊学校发生的事，解开心结。

C. 工作累了，请老人帮助处理伤口。

→ 情境六

今天学校举行了元旦庆祝活动，孩子回家兴高采烈地与你分享。

A. 关心孩子道："作业写完了吗？最近测试成绩怎么样？"

B. 放下手头的事认真倾听，并鼓励孩子多多参与学校和班级活动。

C. 提不起兴趣，勉强听了一会儿后，提醒孩子该吃晚饭了。

参考答案

选择正确选项将得到一颗☆，您可以请孩子涂上你们喜欢的颜色。

情境一	B	★
情境二	B	★
情境三	A	★
情境四	A	★
情境五	B	★
情境六	B	★

测评结果

★★★★★★	荣获六颗☆，祝贺您，孩子幼小衔接的旅程中因有您的陪伴而精彩！
★★★★★	荣获五颗☆，您做得非常不错了。
★★★★	荣获四颗☆，还不错，再接再厉！
★★★	收获三颗☆，还可以，继续努力哦。
★★	获得两颗☆，建议您再读读本章节的内容，相信下次会更棒。
★	获得一颗☆，请问是哪里遇到问题了吗？请您静下心来，跟随我们的文字和图片一起去感悟孩子成长的美好吧。相信再来选择时，一定会找到教育孩子的好办法。

一滴水只有放进大海里才永远不会干涸，一个人只有当他把自己和集体事业融合在一起的时候才能最有力量。

——雷锋

融

一、情景再现

→ 镜头一

我家凡凡今年刚上一年级，可是开学才第二天，他就又哭又闹，怎么说都不去上学了。这令我很惊讶，昨天不是好好的吗？怎么今天突然就不想去上学了呢？在我的反复追问下，凡凡终于吞吞吐吐地说出了原因："里面的同学和老师我一个也不认识，不想再去了……"

→ 镜头二

叮当平时是个乖巧懂事的孩子，可是最近我发现，他每天放学回家后，总是闷闷不乐，特别抵触做语文作业。通过与其谈心，我了解到，原来是因为上语文课的时候，叮当每次都举手，老师却很少叫他起来回答问题。因此，他觉得老师不喜欢他，从而在学习上就提不起劲头来。

→ 镜头三

一天晚上，我接到了贝贝班主任的来电，说孩子哭着喊着要我接她回家。在老师的一番开导和询问下，贝贝支支吾吾地说出了缘由。下午的时候，贝贝在学校因一点小事与几个女生发生了争执，结果几个女生都不跟贝贝玩了。贝贝觉得很伤心，就哭着去找老师告状，还说不想去上学了。

二、为什么要"融"入

教育家陶行知曾经说过:"集体生活是儿童之自我向社会化道路发展的重要推动力;为儿童心理正常发展的必需。一个不能获得这种正常发展的儿童,可能终其身只是一个悲剧。"一年级新生如果长时间不能够融入新班级,那对于他的生活、学习等各方面将会是巨大的阻碍。

每个人的成长离不开周围环境的影响和身边同伴的帮助。马克思和恩格斯曾经指出:"只有在集体中,个人才能获得全面发展其才能的手段,也就是说,只有在集体中才可能有个人自由。"因此,只有融入集体,孩子才能获得足够的安全感和自我价值的体现。不合群会影响孩子的学习、成长,甚至影响孩子的生存能力与生活品质。

俗话说,良好的开端等于成功的一半。一年级是学校生活的起点,父母肯定希望自己的孩子有一个良好的开端。从幼儿园到小学,孩子的生活方式、学习方式、活动范围和人际交往等各方面都会发生各种各样的变化。让孩子迈好这一步,更好地适应新环境,对孩子来说至关重要。

三、家长该怎么做

第一,耐心引导,正向强化。

给孩子积极的心理暗示。

正面激励——妈妈真为你骄傲,你是小学生啦!

美好憧憬——小学的生活很丰富,妈妈爸爸上小学的时候……

小伙伴的力量——和幼儿园的好朋友一起上小学。

避免恐吓,"小学老师可厉害了……现在快玩吧,上小学就不能玩了。"

每年的一年级家长沙龙中,我都会听到这样几种声音——

(1)暑假里,家长给孩子布置了很多作业,每天语文、数学、英语都有,并且家长计时、规定正确率,并设定奖惩规则。如每天 100 个数学题,

今天最多可以错6个，明天最多错5个，后天最多错4个……如果哪天错得多了，或者超时完成了，立刻用各种方式惩罚。

传递信息：学习很辛苦！

（2）当孩子有不如意的时候，家长就会对他说："让你现在这样不听话，等上学了，老师会收拾你。""知道吗？老师很凶的，在学校里，当小朋友不乖的时候，她会……处罚那个小朋友。罚抄书多少遍，做题多少个，罚站多久，让别的小朋友都不理他……"

传递信息：老师很严厉！

（3）假期中，家长尽量地满足孩子的一切要求，如，想吃什么，想到哪里玩，使劲看电视、玩游戏等，告诉孩子："你现在赶紧玩吧，等上学以后，所有这些就都没时间了。"

传递信息：学校很可怕！

孩子还没有进入学校，还没有体验过校园生活，就形成了第一印象：学校是个很恐怖的地方，有可怕的老师、不友好的同学、繁重的学业，而且以前很多美好的东西都会失去，是一个如此恐怖的地方！很多孩子的厌学心理都是这样形成的。

所以，家长首先要给自己减压，多给孩子一些正面的引导。少说负面的话，正面引导，正向强化：强化"我是小学生"的意识，经常提醒："做个小学生真光荣！"经常鼓励："你这样做真是个像样的小学生！""看到你长大了，我们太开心了！""学校有图书馆、实验室，还有大大的操场。妈妈小时候的学校和你现在的学校相比可差远了！"有了健康的心态，再来进行上学之前的各种准备，才会取得事半功倍的效果。

同时，家长要做好孩子的心理疏导。有的家长无意中经常说："孩子上学以后就累了，快趁现在好好玩。""低年级没什么，大了再说。"这样，话里话外不由自主地流露出"上学是一件苦差事""一年级不重要"的观点。在这样的暗示下，孩子就不可能对上学报以积极的态度。其实，上学是一件美好而令人期待的事情，家长应该告诉孩子："你长大了，就要上学了，

我们真高兴！""我们家就要有小学生了，这真是一件让人开心的事！"而不能整天问孩子："老师对你好不好？说没说你？"这些话不仅对孩子没有积极作用，还会把负面情绪传染给孩子。您还可以带孩子到校园内参观一下，看看学校的老师、同学上课、做游戏、做操等活动。其实，作为一名小学生家长，家长也应感到自豪。家长的正能量传递就是孩子前进的动力，这样才能更好地引导孩子融入小学生活。

第二，家校合力，用爱浇灌。

家长要相信老师对孩子的爱。这份信任感很重要。教育是需要合力的，尤其对于一年级新生来说，家校的密切配合显得尤为重要。

（1）理解、配合、支持老师的工作。家长应该首先理解，老师是代表国家在对下一代进行、科学有效的教育，所以家长有义务积极配合和支持老师的工作。家长的责任不仅仅是送孩子上学，若是将教育的责任全部推到老师身上，认为教育孩子只是学校的事，这是错误的。合格的家长应该对子女成长承担教育责任，因为家长是孩子的第一任教师，并且是孩子的终生教师。当然学校是有领导、有计划、有组织、有目的地专门教育人的场所，在培养人才方面起主导作用，但是学校教育必须有家长的正确配合，才能提高教育质量，取得最佳的教育效果。另外，学校通过开展各种教育活动，让学生懂得做人的道理，提高各项能力。家长要支持学校的各项活动，树立班级是我家的理念，以便促进孩子综合素质的全面发展。

（2）勤于跟老师直接沟通。老师和家长的出发点都是一致的——通过努力促进孩子健康、快乐的发展。但是教育的过程是一个探索与实践的过程，一年级新生刚入学，难免会出现这样那样的情况。如果家长在此过程中遇到了困惑、不解，或者有了很好的建议或者不满的态度时，要打消顾虑，及时、主动地与当事老师或孩子的班主任直接联系与沟通。因为只有这样的直接交流才是最有效率的、程序最简单的、效果最好的。同时，家长也要做人性化的家长，多理解老师工作的艰辛。一般父母都认为自己的孩子是好的，即使老师批评孩子令家长很生气，也不要忘记，老师负责的

不是一个孩子，而是一个班级。信任老师、放心把孩子交给老师，才会让孩子更积极地融入班级。

（3）积极想办法为班集体做事情。老师、家长、学生都与班级、学校密切相关，努力为班级的各项事务花心思，积极地参与学校、班级各项大小团体活动，这样一定会对每一个学生的成长产生更好的辐射与影响，会让刚入学的学生产生很强的归属感和集体荣誉感。

真正的教育从来不单单是学校的事情，更是家庭、学校和社会共同的责任。特别是家庭教育，发于童蒙、启于稚幼，是从孩子无意识时便潜移默化，深入其骨髓的，是真正性格养成、品性端立的根基，更需要认真对待、高度重视。

电视剧《都挺好》曾引发社会热议，原生家庭对一个人的影响是深远的。幸运的人一生都在被童年治愈，不幸的人一生都在治愈童年。如果孩子能在童年，特别是小学这六年里，在家长的陪伴下，养成良好的学习习惯，形成完善的人际关系，建立正向的价值判断。那么，即使他的成绩不是最好的，从长远来说，家庭教育就是成功的！

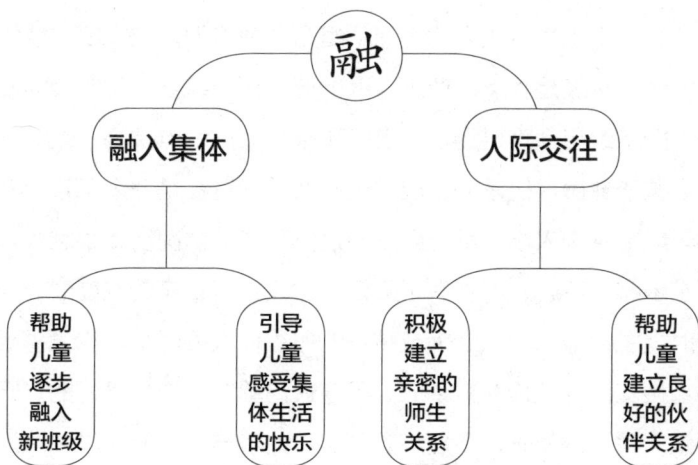

融
融入集体　人际交往
帮助儿童逐步融入新班级　引导儿童感受集体生活的快乐　积极建立亲密的师生关系　帮助儿童建立良好的伙伴关系

第三，实操训练，为您支招。

何为"融"？即分享、协作、奉献。对于刚刚迈入小学生活的孩子，简单来说，就是能够很好地融入集体和具备相应的人际交往能力。那么家长如何帮助孩子真正实现"融"呢？我们来为您支招。

（一）我是班级一份子——融入集体篇

第一，帮助儿童逐步融入新班级。通过多种游戏和活动帮助初入学儿童相互认识，带领孩子积极参与讨论环境布置、制定班规、制订活动计划等班级事务，感受自己是班级的一员。镜头一中的凡凡开学第一天可能由于新鲜感，情绪还比较稳定，第二天就不想去上学了。出现这种情况，家长先不要着急，要清楚孩子有个适应的过程，要耐心陪伴孩子慢慢转变角色，融入新集体，让其有归属感。

您可以这样说、这样做——

（1）建立仪式感：上学后尽量叫孩子的学名而非乳名。这样会让孩子意识到自己长大了，是一名小学生了，尽快适应角色的转换。

（2）多让孩子分享一些在新班级中发生的有趣的事情，感受到自己是班级中的一员。

（3）积极参与班级家委会工作，对于一些开学初的准备工作，带领孩子一起参与完成，让孩子在此过程中获得认同感、成就感。

★小小锦囊①——满满的仪式感

在开学之前的那段时间里，可以做很多有仪式感的事。

◆让孩子参与准备学习生活用具的全过程，比如，一起逛文具店，准备学习用品，给新书包书皮，在书皮上写上班级和姓名。

◆准备一个有趣的自我介绍，并进行"演练"（对于怯场害羞的孩子，提前准备一下很管用）。

◆如果提前发下来校服，那就让孩子穿着校服到照相馆去拍一张标准

的入学照片（蓝底2寸、1寸的都准备好），留下孩子作为小学生的第一个形象照，开学后建立学籍档案也需要用。

◆和孩子一起准备好开学第一天要穿的校服(很多学校都有多套校服，家长一定要分清楚)，收拾好书包。

◆给孩子准备一束花或者一个盆栽，布置孩子的卧室，比如在墙上贴上一串艺术字"恭喜……（孩子的全名）成为一名小学生啦"，前一晚提前准备好，等孩子第二天醒来就能看到这些精心准备的场景。

第二，引导儿童感受集体生活的快乐。通过参与小组游戏、集体活动等方式比一比、赛一赛，感受集体生活的快乐，增强归属感和集体荣誉感。

您可以这样说、这样做——

（1）多陪孩子参加一些班级集体的活动，如亲子运动会、家长开放日、班级联欢会。

（2）对于老师布置的一些实践性的任务，和孩子一起动手完成，感受参与的快乐。

★小小锦囊②——一年级实践性任务参考清单

一、德育实践作业

1. 积极参加2021年青岛西海岸新区"快乐科技秀"青少年科技创新大赛系列活动，培养创新能力和创新意识。活动内容包括青少年科技创新成果竞赛、科技创意比赛、少年儿童科学幻想绘画比赛，科技实践活动、科学影像比赛、科普征文等。具体内容详见《青岛西海岸新区青少年科技创新大赛规则》。

2. 开展"小手拉大手"社会实践活动。积极参加"废旧物品回收""生活垃圾分类""低碳出行""保护海洋，减少白色污染物"等活动，增强生态环保意识。1-3年级要人人争做宣传小志愿者，与家人合作，在社区里开展一次环保宣传活动；4-6年级通过小组合作，进行一次垃圾分类情况调查，完成一份调查报告。

二、语数英实践作业

（一）语文

1. 课文朗读：预习语文课本，每天读熟一篇课文。

2. 描红练字：坚持每天描红练字，结合课本，《写字课课练》、硬笔字帖等练习，写在方格本上（一、二年级用铅笔，每天 2 行；三、四年级用钢笔，每天 3 行；五、六年级用钢笔，每天 4 行），开学后上交。

3. 课外阅读：每人从校刊"好书推荐"栏目中精读两本书籍，三到六年级每人完成 2000 字的读书笔记（三、四年级摘录好词佳句，五、六年级摘录好词佳句和写一篇读后感）。开学之后向同学们推荐一本自己阅读过的好书，要说明推荐理由。语文老师负责收齐读书笔记并组织展评。

4. 积极参加区经典诵读活动、书写活动，演讲大赛活动（活动方案由语文老师下发）。

（二）数学

1. 阅读有关数学家的故事、趣味数学知识等，提升自己的数学素养。

2. 各班统一建立计算本，根据数学老师的安排每天进行口算、计算练习。

（三）英语

1. 三四年级每生制作 3 张单词绘本，五、六年级每生制作 3 张话题绘本。在单元主题中任选 3 个，用 A4 纸，图文并茂，开学后收回。

2. 结合"畅言晓学"的趣味任务进行口语听说练习。

★小小锦囊③——通过亲子阅读，让孩子体会学习的美好

一年级必读经典书目

书名	作者	出版社	关键词
《落叶跳舞》	伊东宽	21 世纪出版社	自然成长
《要是你给老鼠吃饼干》	劳拉	少年儿童出版社	想象
《中国古代神话故事》	杨亚明　文 岳海波　图	新世界出版社	神话

（续表）

书名	作者	出版社	关键词
《中国古代民俗故事》	三元　文 董安山　图	新世界出版社	民俗
《老鼠娶新娘》	张玲玲　文 刘宗慧　图	21世纪出版社	动物王国
《曹冲称象》	古代故事	人民邮电出版社	生活
《小猪唏哩呼噜》	孙幼军	春风文艺出版社	生活教育
《我妈妈》	安东尼·布朗	河北教育出版社	亲情
《小熊和最好的爸爸》	阿兰德·丹姆	贵州人民出版社	亲情
《神奇的校车》	柯尔　著 迪根　绘	四川少儿出版社	校园生活
《穿靴子的猫》	马塞利诺　绘 彭懿　译	贵州人民出版社	想象
《胡萝卜种子》	路斯·克劳斯	人民文学出版社	自信信念
《蚯蚓的日记》	朵琳·克罗宁	少年儿童出版社	观察思考
《阿利的红斗篷》	汤米·狄波拉	少年儿童出版社	幸福
《克里克塔》	蒲蒲兰　译 温格尔　文	21世纪出版社	温情

（二）我是交际小能手——人际交往篇

第一，积极建立亲密的师生关系。入学前，您应通过提供儿童成长档案、与孩子班主任沟通等多种途径让老师了解孩子的基本情况。镜头二中的叮当，由于老师上课没有叫他回答问题，就认为老师不喜欢他，从而导致写作业不积极。针对这种情况，在孩子入学后，您要密切关注孩子的适应情况，尊重和接纳孩子的个体差异。帮助孩子多与老师亲密接触，通过爱抚、拥抱等让孩子感受到来自老师的赞许和喜爱。

您可以这样说、这样做——

（1）"你们老师看上去很温和！""看起来，老师很喜欢你呀！""做得真好，继续努力，老师会表扬你的"……

（2）为孩子做好心理疏导，让孩子明白每节课老师不可能把每个学生

都提问到，但是老师对大家的爱都是一样的。

★小小锦囊④——经常与老师沟通

◆利用接孩子的时间，做短暂的口头交流沟通。

◆采用便条留言和作业本留言的方式，检查作业和进行作业反馈，也是特别好的沟通枢纽。

◆电话／手机短信／微信交流。

◆约定时间当面交流。

◆家长需与老师沟通的内容要具体、明确。

第二，帮助孩子建立良好的伙伴关系。通过多种游戏、活动帮助孩子在新集体中找到小伙伴，不让孩子落单。镜头三中的贝贝，因一点小事跟其他同学发生了争执，就哭着找老师告状，还因此对上学产生了畏惧。显然，贝贝在人际交往方面遇到了障碍，不知如何处理。家长应该为孩子创造交往机会，设计一些需要合作完成的活动或任务，引导儿童互帮互助，发生冲突时学习协商解决。

您可以这样说、这样做——

（1）鼓励孩子多与小学的哥哥、姐姐接触，向他们学习如何做好一名小学生。

（2）在节假日多带孩子结交一些陌生的朋友，让孩子主动跟他们打招呼、聊天、玩耍。

（3）当孩子与小伙伴发生矛盾时，家长尽量放手让孩子自己解决，培养孩子的人际交往力。

★小小锦囊⑤——《中小学生守则》和《小学生日常行为规范》

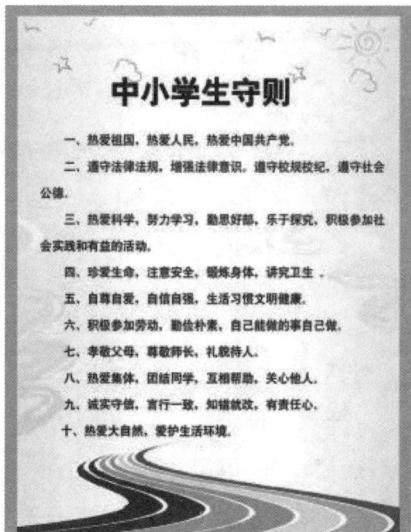

中小学生守则和小学生日常行为规范

★小小锦囊⑥—— 一年级交友技能小贴士

●自控力：能够耐心等待他们想要的东西，使用文字来表达自己的感受，而不是采取破坏性或恶劣的行为，和伙伴轮流玩玩具。

●热情：能够积极地接近并回应他人。

●自信：能够说出自己喜好。

●周到：能够说请和谢谢，能够合作和分享。

●游戏技能：愿意参与游戏并提出建议。

●沟通：以友好的方式倾听和交谈，主动与他人交谈。

●帮助：乐意帮助他人。

●预测：能够了解他人的感受，能够预测他们的行为如何影响他人。

●思考：在出现问题时考虑替代方案，例如，如果其他孩子想要玩不同的东西，思考是加入他们还是找其他人玩。

● 应对：遇到拒绝，失望或不赞成能够从容应对，而不会遇到太多的痛苦；成功的时候不洋洋得意。

● 同理心：能够在充分理解的基础上回应他人的感受。

● 灵活：愿意听取或了解其他观点或行事方式。

总之，孩子是我们最宝贵的财富。从孩子上小学的第一天起，就意味着他求学生涯的开始。在这条路上，他将看到更广阔的世界，遇到更美的自己。家长要做孩子的后盾，而不是引路人，要相信孩子，然后陪着他一起开始新生活，一起进步！

四、小试牛刀

→ 情境一

晚上回家后，妈妈发现冬冬的作业记录本上一片空白，问起冬冬，他也完全不知道作业是什么。

　A. 在班级群里询问其他家长或者打电话询问老师。

　B. 跟孩子一起讨论，引导孩子用自己喜欢的符号来记录作业。

　C. 批评道："都这么长时间了，还不会记作业？！真没用！"

→ 情境二

早晨出门前，乐乐突然哭闹着不去上学，说同学都不喜欢跟他一起玩。

　A. 他们不跟咱玩，咱也不跟他们玩，咱自己玩！

　B. 如果你乖乖去上学，老师会给你奖励哦。

　C. 孩子，同学们刚入学互相不认识，当然会害羞。你是个小男子汉，不如你先主动跟同学玩耍吧，周末还可以请他们来家里做客，一起玩，很快就熟悉啦！

→ 情境三

下午放学，叮当一见到妈妈就对妈妈说："我讨厌上数学课，数学老师特别严格。"

A. 别害怕，妈妈这就跟老师沟通一下。

B. 数学是一门严谨的学科，老师要求越严格，你们就会越细心。你看，老师在班级群里面表扬你计算全对，看来老师很欣赏你的认真呢！

C. 数学是一门很重要的学科，再讨厌也得好好听讲。

→ 情境四

一天下午，班主任给萌萌妈妈打电话说，只要让孩子背诵古诗，她就哭着要找妈妈。

A. 老师提问你的时候你一定很紧张吧。你现在是一名小学生了，既然背过了就应该自信一点，妈妈相信你肯定能够勇敢地去面对。

B. 晚上回家教育孩子："你都是一年级的大孩子了，怎么还整天找妈妈？"

C. 晚上回家跟孩子一起将古诗背过。

→ 情境五

学校运动会，笑笑不仅什么项目都没参加，还不为同学呐喊助威，自己一个人坐在角落玩耍。

A. 教育孩子："笑笑，运动会时你不给别人加油，以后别人也不会帮你的。

B. 提议道："下次再这样，你就不要参加运动会了，我跟老师申请让你在教室看书。"

C. 爸爸和妈妈达成一致：不管工作多忙，至少有一个人要抽出时间，陪孩子参加班级活动，增强集体荣誉感。

→ **情境六**

晚上回家后，性格内向的元宝闷闷不乐地对妈妈说："牛牛和晶晶都得到了很多小红花，我一个都没有。"

A. 没事，宝贝，妈妈这里有比他们更好的小红花。

B. 没得到小红花也不要紧，你在爸爸妈妈心中永远是最棒的。

C. 只要你平时再努力一点，积极参加班级活动，妈妈相信你肯定也能获得小红花的。

参考答案

选择正确选项将得到一颗☆，您可以请孩子涂上你们喜欢的颜色。

情境一	B	★
情境二	C	☆
情境三	B	★
情境四	A	☆
情境五	C	★
情境六	C	☆

测评结果

★★★★★★	荣获六颗☆，祝贺您，孩子幼小衔接的旅程中因有您的陪伴而精彩！
☆☆☆☆☆	荣获五颗☆，您做得非常不错了。
★★★★	荣获四颗☆，还不错，再接再厉！
☆☆☆	收获三颗☆，还可以，继续努力哦。
★★	获得两颗☆，建议您再读读本章节的内容，相信下次会更棒。
☆	获得一颗☆，请问是哪里遇到问题了吗？请您静下心来，跟随我们的文字和图片一起去感悟孩子成长的美好吧。相信再来选择时，一定会找到教育孩子的好办法。

孩子成功教育从
好习惯培养开始。

——巴金

立

一、情景再现

→ 镜头一

开学一个多星期了，每天早上就跟打仗似的。"小刚，妈妈叫你 10 遍了，怎么还没起床啊？""哎呀，小祖宗，总算起来了。赶紧穿衣服、刷牙洗脸，快点，还要吃饭，别迟到了！"看着孩子的磨蹭样儿，我真是受不了，算了，今早还是继续喂他吃饭吧，要不又吃不上早饭了。

→ 镜头二

晚上 10 点了，我走进卧室一看，梦梦还躺在床上用 IPad 看动画片，"别看了，赶紧睡觉！""我不嘛，还没看完，我不睡！""不行，你都看了一晚上了，不能再看了，赶紧睡觉吧，不然明天起不来了。""我就不！我就要看动画片！"我心中不禁犯愁：唉，孩子自从进入小学以来还是没有丝毫改变，单是看动画片的习惯就改不了，作业完全抛在脑后，真是令人头疼！

→ 镜头三

下午接朵朵放学时，老师告诉我，孩子今天的语文书忘带了。我不禁嘀咕："哎呀，都怪我今早起晚了，给朵朵收拾书包的时候太着急，怎么能把语文课本给落下啊，明天我一定得给孩子好好收拾书包，别再落带东西了。"可是转念一想："孩子这种丢三落四的毛病什么时候能改呢？我总不能天天跟在他屁股后面啊……"

二、为什么要培"立"

俗话说："播种行为，收获习惯；播种习惯，收获性格；播种性格，收获命运。"由此可见，习惯的养成教育对一个人的成长极其重要，而抓好幼小衔接中的养成教育，有着更为重要的意义。一年级的孩子刚踏入小学的校门，他们对这种全新的环境需要有一个适应的过程，这时候就需要家校携手，共同帮助孩子培养良好的生活习惯和自理能力。

教育家叶圣陶先生也说过："教育是什么，往简单方面说，就是养成良好的习惯。所谓习惯，指由于无数次的重复或练习而逐步固定下来变成自动化了的行为方式。"叶圣陶十分重视孩子良好行为习惯的培养。良好的行为习惯是促进一个人健康成长的重要条件，是健全人格形成的基础。习惯有好坏之分，有好习惯，终身受其益，有坏习惯，终身受其累。陶行知在改造中国教育的实践中提出了"生活教育理论"。他非常重视在做中学，主张在做中养成习惯，即实践中养成习惯。"生活即教育。"对于小学生而言，他们行为的协调性不高，认识水平低，如果从小不注意培养，就可能养成不文明、不道德的坏习惯。因此，培养小学生良好的行为习惯是非常重要的。

学生良好行为习惯的养成，单靠学校教育是远远不够的，因为家庭也是孩子学习和生活的重要场所，对孩子的健康成长起着重要作用。日本教育家福泽谕吉说过："家庭是习惯的老师。"家庭对孩子行为习惯的培养、品德的形成、个性的发展有着重要作用。父母是孩子的第一任教师，父母的一言一行都对孩子起着潜移默化的作用。要求孩子遵规守矩，家长就要先以身作则，以自己的高尚人格魅力给孩子树立一个良好的榜样。

三、家长该怎么做

第一，动之以情，管之有度。

古希腊哲学家德谟克利特曾说过："当人过度的时候，最适宜的东西也会变成不适宜的东西。"教育孩子，要追求适度的理性生活，避免走向极端。培养孩子良好的习惯需要家长做到动之以情、管之有度。不能过分包办，也不能用打骂方式来强制孩子听话，请家长俯下身子，站在孩子立场，换位思考，用真情来陪伴、教育孩子养成良好的习惯。

一位家长说，他的孩子迟到，不是因为睡懒觉，而是因为没有时间观念，做事拖拉。比如早上6点半不到就起床，起来以后不穿衣、不洗脸、不吃早餐，却坐在沙发上津津有味地看电视，有时拿着手机不停地翻看、玩游戏。尽管家长多次督促，他仍旧不紧不慢，常常是差几分钟才去上学，家长怕孩子迟到，常常会开车或打车送孩子上学，路上还不停地嘱咐孩子。这无形中让孩子形成了拖延时间的不良习惯。我告诉家长，要改变这种状况，就和孩子一起走路去，坚决不让孩子坐车。一路上孩子要再像往常一样边走边玩，你也不要督促他。那位家长虽然心里急，担心孩子会迟到，但为了教育孩子，还是照我的话去做了，结果孩子因迟到被叫到老师办公室谈话。通过老师的教育，孩子脸红了，认识到自己做得不对。以后孩子再也没有出现过迟到的现象。许多事情就是这样，父母事事替孩子想得周全，孩子就会想不周全，就会事事依赖父母。父母动之以情，让孩子这样管自己，就能逐渐地管好自己。从这个意义上说，对孩子事事少管才是最好的管。

第二，培之独立，促其成长。

教育家陈鹤琴先生提出："凡是孩子自己能做的，应当让他自己做。"当前，许多孩子在家里都是"掌上明珠"，他们的衣食住行几乎都有父母或者其他监护人细心照顾，在这样的生活环境里，孩子能独立支配的活动和事情很少，孩子缺乏独立判断、独立思维的能力和机会，独立生活的能

力、自理能力、独立学习的能力和独立处理问题的能力都较差，一旦缺乏孩子依赖的对象，孩子的生活和学习就存在诸多问题。

思想是指导行为的源泉，要使家长在家庭中加强对孩子独立性的培养，首先应使家长在思想上引起高度的重视。很多家长认为孩子独立的习惯不用教，将来自然而然就会了。因此孩子没有良好的独立习惯，家长也未加教育，久而久之，孩子在成人的"呵护"下，不仅独立性越来越差，还越来越飞扬跋扈。我曾经教过一个被家里老人宠溺的学生，为了让孩子早上多睡一会儿，老人竟然在床上给她穿好所有衣服和鞋袜，背着孩子送到学校门口，让孩子在自己背上吃早饭。到学校后，没有姥姥、姥爷的帮忙，她总是什么都找不到，课堂上也不遵守纪律，稍有不顺心就大喊大叫。老师教育她也不听，每天下午放学都胡乱将课本、练习本塞进书包，拉链也拉不上，拖沓着最后一个走出教室。路队长催促她时，她竟然振振有词道："你算老几？我妈妈、爸爸都没有说过我呢！你还来管我？"这样的话语，不得不令人深思。溺爱会让孩子变成"巨婴"。因此，家长要科学运用爱的方式，了解包办代替的危害，从思想上真正高度重视，从行为上，凡是孩子能够自己做的，我们不要急于替她去做。做，是孩子的能力，更是孩子的权利。

家长要让孩子知道，自己将要长大，生活、学习不能完全依靠父母和教师，要慢慢地学会生存、生活、学习和劳动，能做到自己的事自己做，遇到问题和困难，自己要想办法解决。要培养孩子的自我教育能力，在学习生活中，让孩子自我观察、自我体验、自我监督、自我批评、自我评价和自我控制等，这样才能让孩子更好地成长。

第三，何"立"为利，为您支招。

何为"立"？涉及自己的大小事情，自己能够拿主意。对于刚刚迈入小学生活的孩子，简单来说，就是培养良好的生活习惯和具体相应的自理能力。那么作为家长，如何帮助孩子真正实现"立"呢？我们来为您支招。

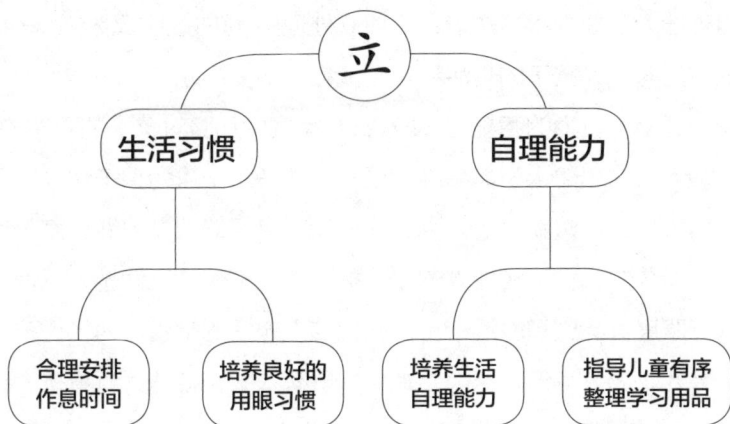

（一）争做习惯小达人——生活习惯篇

第一，合理安排作息时间。有规律的生活有助于孩子身心健康，保持充沛的精力，逐步适应小学生活。镜头一中的小刚每天早上都赖床磨蹭，经常迟到，小刚家长可以在孩子入学前适当调整作息时间。督促孩子早睡早起、不迟到，知道上学、放学及上课、下课的时间安排，训练孩子听到上课铃声会自己进教室，下课会主动喝水、如厕。

您可以这样说、这样做——

（1）按照小学作息时间表，与孩子共同商议，制订入学前的作息计划并教育孩子积极主动遵守，培养孩子的时间观念。

（2）督促孩子早睡早起。入学前一两月，可逐渐安排孩子进行午间活动，减短午睡时间，适应小学生活。

（3）逐渐养成按时进餐，把早餐吃饱、吃好的良好饮食习惯，适应小学没有加餐的情况。养成上课不喝水、不上厕所的习惯。

（4）居家模拟课间活动，培养孩子下课主动喝水、如厕的习惯。听到上课铃声会自己进入教室坐好，等候上课。

（5）每天入睡前、起床后，培养孩子按一定顺序做事的习惯。比如，起床后先整理床铺、穿衣、洗漱，再吃早餐。

★小小锦囊①——小学作息时间参考表

小学作息时间参考表(青岛市区一二年级学生周三和周五下午不上课)

上午	7:00	起床、洗漱、吃早饭
	7:50	到校、早读
	8:20-9:50	第一、二节课
	9:50-10:20	课间操
	10:20-11:50	第三、四节课
午休	11:50-13:30	吃午饭、午休
下午	13:30-14:10	第五节课
	14:10-14:20	做眼睛保健操
	14:25-15:50	第六、七节课
	15:50-17:30	放学、课后托管
晚上	18:00-19:00	吃晚饭、休息
	19:00-20:00	户外活动
	20:00-20:30	课外阅读
	20:30-21:00	洗漱、睡觉

★小小锦囊②——课间模拟测试表

请您和孩子在家中模拟课间活动,用手机播放下课铃声,看看孩子做了什么。

课间模拟测试表

课间活动	是（打√）	否（打X）
准备好下节课的学习用品		
上厕所		
喝 水		
站在窗边远眺		
看 书		
和同学说话		
户外活动		

★小小锦囊③——晨起、睡前清单

晨起、睡前清单

第二，培养孩子良好的用眼卫生习惯。眼睛是心灵的窗户，增强孩子的护眼意识尤为重要。镜头二中的梦梦躺在床上玩 IPad，对眼睛伤害很大。家长应该严格控制孩子使用电子产品的时间和频次，还要督促孩子每天按时做眼保健操，多到窗边远眺，看看绿色景物，缓解视觉疲劳。

您可以这样说、这样做——

（1）督促孩子养成良好的坐姿和写字姿势。时刻保持"三个一"，即眼离书本一尺远，手离笔尖一寸远，胸离桌子一拳远。

（2）提前学会眼保健操。每天上下午按时做眼保健操，培养课间窗边远眺、多看绿色的保护视力好习惯。可以进行比赛吹气球等游戏，让孩子利用简易的工具测试自己的肺活量，并对体育锻炼产生浓厚的兴趣。

（3）严格控制孩子使用电子产品的时间和频次，每天累计不超过一小时，尽量减少使用情况。

★小小锦囊④——写字姿势参考图

写字姿势参考图（图中人物为开发区第二实验小学学生）

（二）我是生活的小主人——自理能力篇

第一，培养孩子生活自理能力。指导孩子独立应对生活问题能力，提升自理能力、独立解决问题能力，增强孩子适应小学生活的能力。

您可以这样说、这样做——

（1）指导孩子独立完成穿脱衣服、系鞋带、进餐、收拾餐具、整理床铺等。

（2）指导孩子根据天气变化和活动需要，独立增减衣物。

（3）锻炼孩子的实践操作能力，让孩子多尝试，多动手，以益智益脑。

第二，指导孩子有序整理学习用品。镜头三中的朵朵都是家人帮忙收拾书包，这是不对的。家长应培养孩子学会独立清点、整理的好习惯，能够做到分类收纳物品，会做好课前准备。

您可以这样说、这样做——

（1）每晚睡前，引导孩子根据第二天课程和活动安排，独立整理书包，带齐学习和生活用品，并能够分类有序摆放。

（2）居家模拟课间活动，引导孩子课间准备好下节课所需的书本和学习用品。

（3）指导孩子养成放学时收拾整理个人物品的能力。

（4）帮助孩子准备好书包、学习用品，尽量做到简洁、实用，以免影响孩子课堂专注力。在书包和学习用品上写上学校名称、班级和孩子的名字、学号。合理准备学习用品，便于区分和寻找。

★小小锦囊⑤——主要学习用品清单

主要学习用品清单

物品名称	说明
书包	书包以结实耐用、重量轻为佳。不要太大，能放进桌洞，有分层。孩子用的书包应该选择双肩背的书包，带子能自由缩放的。尽量不要选择那种拉杆式、有滑轮的。书包里面最好有隔层，可以让孩子把书和本子分开放。两边有袋子，可以放杯子等一些生活用品。
铅笔盒	建议用笔袋，简单、实用，文具盒不太容易收纳，又比较容易让孩子分心。上课时，不小心碰到文具盒，会产生较大声音，会分散孩子的注意力。要准备布的、单层、功能少的笔袋，防止孩子上课和写作业时分心。在笔袋上写上名字。
6支木质铅笔	铅笔以木质为佳，选 HB 铅笔。但这类铅笔头容易写钝，需要每日卷削，注意不要两头削尖。 最好是一种花色，便于孩子寻找。每天回家后削好后别忘套上笔套保护，写上名字，用透明胶粘好。 注意：千万不要让孩子使用活动铅笔，因为活动铅芯容易断，孩子刚开始写字，力度掌握不够，用活动铅笔写不好字。
橡皮	以无香味、无图案的简单方形橡皮为最好。简单、柔软、好擦就行。建议家长为孩子多准备几块大一点的，并写上名字。
书皮若干	透明书皮或包书用的 8 开和 16 开的厚纸张，并在书皮上写上学科名称，便于区分。
1 本课外读物	孩子可以利用课余时间进行阅读，增加课外知识。
1 根跳绳	体育课以及平时锻炼需要
1 盒水彩笔 油画棒 色卡纸 (A4 大小) 胶泥（大盒）	美术课需要
3 个大号的文件袋	选择不同的颜色，方便区分语文、数学、英语的相关学习资料。在文件袋上写上名字。

★小小锦囊⑥——家长指导孩子整理书包步骤图

整理书包从学看课程表开始，让孩子理解课程表的含义和每天的课程安排。指导孩子养成看课程表并根据第二天的课程整理书包的习惯，具体如下图。

示范给孩子看

第1周：家长给孩子做示范，看看课程表整理书包，把文件袋有序地放到书包里。

给孩子做帮手

第2周：家长给孩子做做帮手，指导孩子看课程表，整理书包，在旁边进行纠正。

让孩子自己整理书包

第3周：让孩子自己整理书包，家长可以在旁边观察，并给予肯定。

第4周：让孩子独立整理书包，周末的时候告诉他，他是一个"书包整理小达人"了。

家长指导孩子整理书包

　　总之，培养孩子良好的生活习惯和自理能力，应从细微处入手，激发孩子的内在情感，以环境创设和榜样引导为基础，以随机教育为方法，规范孩子的行为，促进好习惯形成，从而达到培养孩子良好生活习惯和自理能力的目的。

四、小试牛刀

→ 情境一

回家后，佳禾说："妈妈，今天上美术课，你没给我带彩泥！"

A. 对不起，宝贝，下次妈妈一定记着。

B. 你自己上学用的东西，你自己怎么不想着带？

C. 宝贝，我们来看看明天的课程表有什么课，妈妈指导你整理书包，好吗？

→ 情境二

周末文具店里，小辉说："爸爸，我的铅笔又丢了，您再多给我买一些吧。"

A. 怎么回事啊？怎么整天丢东西？

B. 孩子，我们买完铅笔再去买几张姓名贴，把你的名字写上贴到铅笔上，下次再掉到地上就方便找到了。

C. 买买买！爸爸有的是钱，买多少铅笔都行！

→ 情境三

晚上 10 点，晨晨还没完成每天的读书任务，一会儿到客厅吃个水果，一会儿上个厕所，妈妈催促晨晨赶紧完成，早点上床睡觉。

A. 晨晨，妈妈和你一起制定一份作息时间表吧。每天回家后先做什么，后做什么，几点睡觉，我们写清楚，明天开始执行。妈妈来监督，好吗？

B. 你怎么回事？读这么几页书读了一个晚上？真能磨蹭！读不完不准睡觉！

C. 不用看书了，赶紧睡觉！明天再看！

→ 情境四

爸爸躺在沙发上看手机视频，阳阳在旁边看书，不时偷看爸爸手机。

A. 看什么看！看你自己的书去。

B. 继续刷手机，不当回事。

C. 孩子，学习的时候不能三心二意，爸爸也不看了。以后只要你学习的时候，爸爸都在旁边看书、陪着你，好吗？

→ 情境五

晚上妈妈下班回家，看见茜茜吃饭时在玩手机游戏，老人在一旁喂着。

A. 别玩了，吃饭玩什么手机，快把手机给我！

B. 孩子，吃饭玩手机会造成饮食不规律，影响身体健康。我们先好好吃饭，一会儿妈妈陪你看会书，好吗？

C. 工作累了，不想管教。

→ 情境六

（一）吃完饭，冬冬就跑去看动画片。

A. 自己默默收拾碗筷。

B. 不准看动画片，看书去。

C. 冬冬，你已经是小学生了，应该学做家务，来帮妈妈一起收拾碗筷，好吗？

参考答案

选择正确选项将得到一颗☆，您可以请孩子涂上你们喜欢的颜色。

情境一	C	★
情境二	B	☆
情境三	A	★
情境四	C	☆
情境五	B	★
情境六	C	☆

测评结果

★★★★★★	荣获六颗☆，祝贺您，孩子幼小衔接的旅程中因有您的陪伴而精彩！
☆★★★☆	荣获五颗☆，您做得非常不错了。
★★★★	荣获四颗☆，还不错，再接再厉！
☆★☆	收获三颗☆，还可以，继续努力哦。
★★	获得两颗☆，建议您再读读本章节的内容，相信下次会更棒。
☆	获得一颗☆，请问是哪里遇到问题了吗？请您静下心来，跟随我们的文字和图片一起去感悟孩子成长的美好吧。相信再来选择时，一定会找到教育孩子的好办法。

防

患生于所忽，
祸起于细微。

——刘向

一、情景再现

→ 镜头一

周末，我带小宁去图书馆买书，路上交通繁忙，车来车往。"小宁小宁，你慢点，别在马路上跑。""小宁小宁，过马路要看信号灯！"……"哎呀，知道了知道了！"小宁虽然嘴上答应着，但依然在路上撒欢儿似的东奔西跑，丝毫不注意来往车辆，黄灯亮起时还要过马路，幸亏被我及时拽住，否则后果不堪设想。于是，我不放心地继续叮嘱着："你看你刚才多危险！在马路上要靠右行走，小心注意来往车辆，过马路要注意红灯停、绿灯行……"可小宁不以为意，满不在乎地说："不是不能闯红灯吗？这是黄灯，没事的！"孩子总有一个人出去的时候，如果不遵守安全规则，万一发生危险怎么办？唉，真是令人担心！

→ 镜头二

我带小明和他的同学小亮去游乐场玩滑梯，两人比赛，看谁能最先登上滑梯。小明技高一筹，一直处于领先位置，眼看马上就要登顶了。"小明，你等等我！"小亮急了，一把拽住了小明的脚踝，导致小明失去平衡，重重地摔倒在滑梯上，磕掉了半颗牙齿，顿时疼得哇哇大哭。小亮在一旁吓得不知所措。刚去买完饮料回来的我看到后，赶紧带小明去医院进行治疗。孩子因为使用运动器械受伤多次，怎样才能避免这种危险性伤害呢？

→ 镜头三

晚上回家后，我看见小云的胳膊和手大面积红肿瘙痒，很不寻常，赶紧带孩子去医院进行治疗。经过询问才得知，孩子和小朋友在小区楼下小花园玩耍的时候被不知名的虫子咬伤了，可孩子竟然不当回事儿，也不知道向家人寻求帮助，还蛮兴奋地向我炫耀他抓的小虫子最多、最大。唉，这孩子没有一点儿防范意识，也不知道保护自己，这我怎么能放心？

二、为什么要"防"护

安全为重，防范为先。安全对于我们每一个人来说，与我们的生活、学习、工作息息相关，是健康成长的基本条件，更是幸福生活的保障与基石。安全对于教师来说，是开展教育教学活动的首要前提，对于家长来说，是维系家庭幸福生活的重要纽带。它不仅关系着学生、教师、家庭的健康发展，更关系到整个国家与社会的和谐稳定。刚步入小学的小学生，安全意识淡薄，自我防护能力薄弱，守护学生安全是整个教育安全的重中之重。因此，家校应该携起手来，创设良好的安全环境，扎实做好安全教育，共同培养学生的安全防护意识与能力。

对学生万般呵护，不如教会他们如何做好安全防护。安全是学生生命绽放华彩的根本保证。学生的身心发展尚不成熟，自我保护意识与能力有待提高，对于身边出现的一些安全隐患与危机，如果不能采取有效的策略及时应对，恰当处理，就会导致安全问题频频发生。针对安全事故频发的现状，在学校教育中，指导学生做好安全防护显得尤为重要。学生在接受了有效的安全教育后，能够掌握一定的安全防护知识，提升安全防护意识与能力，并能对身边潜在的危险做到提前预见以及有效应对处理，从而保护自身生命安全，在美好的校园生活中收获快乐、健康成长。

安全之于学校，乃牵一发而动全身；之于家庭，更是生命中不可承受之重。让学生做好安全防护，除了学校教育，家庭更是需要积极参与进来。少年儿童是祖国的花朵，是中华民族的未来和希望，更是每个家庭中承载众多关爱与嘱托的"心头肉"与"掌中宝"。在他们的成长过程中，平安、健康、快乐成长是每一个家庭对于学生最真切的期望。家长自身要提高安全防护教育意识，充分认识到做好安全防护教育对于学生整个生命成长的重要意义，积极配合学校做好学生的安全防护教育，尤其是完善学校安全防护教育之外的安全场域与内容。只有家校联动、共同施策，才能为学生筑起一座安全和谐的成长乐园，让他们做到认识生命、敬畏生命、关注生

命、珍爱生命、守护生命！

三、家长该怎么做

第一，遵守规则，防范先行。

学生从幼儿园步入小学，是一个重要的转折，校园环境、生活环境都发生了改变，这就需要儿童对新的外界环境进行适应。对儿童进行安全教育应摆在整个幼小衔接教育的首要位置。而安全教育首要任务就是要指导儿童遵守社会各项规则，及时做好防范，尽量避免受到意外伤害。在生活中，人们遵守规则，避免了生命出现意外、受到伤害，遵守规则让人们做到防患于未然，社会和谐稳定，人们安居乐业、平安幸福。

镜头一中小宁爸爸的苦恼想必各位家长都深有同感。小宁的爸爸带小宁去图书馆，路上交通繁忙，车来车往。小宁在路上撒欢儿似的东奔西跑，一点儿也不注意来往车辆，黄灯亮起还要过马路，幸亏被爸爸及时拽住，不然差点发生意外。爸爸叮嘱小宁要在人行道行走，小心注意来往车辆，过马路要注意看信号灯，可小宁却不以为意、满不在乎，并没有注意到过马路时存在的安全隐患。儿童由于缺乏规则意识，不懂得遵守交通规则，在马路上东奔西跑、抢黄灯，极易发生交通事故，受到伤害。这时，家长需要及时做好规则教育。规则教育应在孩子做出行为之前进行。例如，家长可以带着孩子去车辆较少的路段，在确保安全的前提下，引导孩子进行观察体验，告诉孩子"不抢灯、不闯灯、红灯黄灯耐心"等，提高孩子遵守交通规则的意识。为了使规则意识深入人心，家长还可以带领孩子去交通安全教育中心学习交通安全常识，观看因不遵守交规造成交通事故的案例视频，从中得到警示，让孩子对危险情境及行为后果产生具体、形象而又真实的认知。在平常生活中，家长还可以教给孩子一些遵守交通规则的童谣，观看安全绘本故事及教育动画，让规则意识入脑入心，时刻提醒儿童谨记遵守规则就是保护自身安全。

对儿童进行规则教育，不能以安全为借口去限制儿童的各种正常的行为活动，而是要顺应儿童的天性，让儿童在遵守规则的前提下，做好防范，避免安全问题的发生。

第二，掌握要领，自护为主。

安全与健康不是被动地守护，而是靠儿童主动去获得。要想让儿童避免受到意外伤害，最主要的是让儿童学会自我防护，掌握自我防护的各项技能。我们要了解儿童自身的安全需要水平，从儿童视角出发，在儿童已有的知识经验基础上，采取其乐于接受的方式，对他们进行行之有效的安全防护教育。

镜头三中小云和小伙伴们在小区楼下小花园玩耍。小云抓住了几只不知名的虫子向小伙伴炫耀。小伙伴们看到了非常惊奇，纷纷凑上前来围观。在小云的鼓动下，又有几个人也加入了捉虫子的行列中来，竞相比拼看谁捉得多。晚上回家后，不少孩子的胳膊和手变得红肿瘙痒，幸亏父母及时发现、及时就医，否则可能危害到孩子的生命健康。

在生活中，由于孩子安全意识薄弱，不能对当前面临的潜在危险情境及行为进行预判，导致安全事故的发生。培养孩子掌握一定的安全防护要领，就成为孩子进行自我防护的必备技能。家长要引导孩子学会给自己进行安全设限，与孩子达成约定，让他们自己限制住危险行为。由于每个孩子的成长环境和经历不同，他自身的安全设限也就不同，我们要做的是根据孩子的能力与水平进行调整。这样，既保证了孩子有足够安全的成长空间，又提升了自我防护的能力。家长可以将危险情境还原，在保障孩子足够安全的前提下，指导他们学会辨别危险情境及行为，从而牢固树立安全意识，提高安全防范能力。例如，我们可以开展防火、防震、野外生存等安全演练，让孩子在模拟的危险场景下，习得安全防护的技能，进行安全逃生。还可以进行体验式教育，组织孩子走进消防、交通等安全教育中心，通过观看安全教育动画、现场体验等方式，让孩子在做中有所学、有所思、有所悟。另外，家长要教会孩子记住关键电话并会打电话报警，还要记牢

自己及家人的重要信息，以备走丢等紧急情况时使用。

安全教育是一个长期、连续的过程，家长要充分尊重并理解儿童的身心发展尚未成熟，他们虽有一定的安全防护意识与能力，但不足以应对所有的潜在危险，所以，家长仍要做好监护，保障儿童在安全的天空下快乐成长。

第三，实操训练，为您支招。

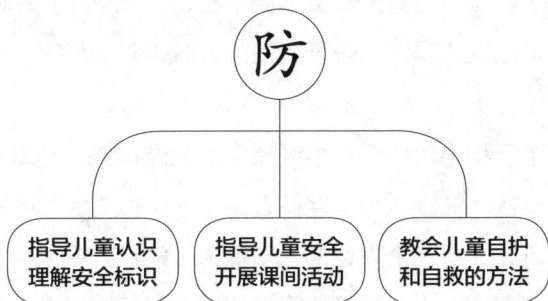

防

指导儿童认识理解安全标识　　指导儿童安全开展课间活动　　教会儿童自护和自救的方法

何为"防"？就是做好准备和保护，以应付攻击或者避免受害，从而使被保护对象处于没有危险、不受侵害、不出现事故的安全状态。小学环境中儿童活动的独立性和空间更大，增强自我保护意识和能力，有助于儿童适应小学新环境。那么家长如何帮助儿童真正实现"防"呢？我们来为您支招。

（一）我是安全小卫士——常识篇

指导儿童认识理解安全标识。结合日常生活，引导儿童认识并理解交通指示灯、人行道、防火防电、逃生通道等标识及其意义。

您可以这样说、这样做——

1.家长带领儿童到公众场所走一走，指导儿童认识并理解交通指示灯、人行道、防火防电、逃生通道等标识及意义。如：在上学、放学路上能认识红绿灯并遵守执行，活动时远离有危险标识的场地和设施。

2.家长可结合安全绘本故事与实际生活，教儿童学习安全常识。绘本

通俗易懂、生动有趣，能够站在儿童的角度去对待安全问题，使儿童更容易接受。

3. 家长可以和儿童通过游戏、情境表演等活动，巩固儿童对安全标识的认识。例如"山洞掏宝"游戏，将安全标识的卡片装进箱子内，儿童掏到哪张卡片就要说出其名称以及意义，还有《逛公园》情景剧表演，创设情境，和儿童一起逛公园，为走过的路及公园设施贴上相应的安全标识。

★小小锦囊①——安全标识

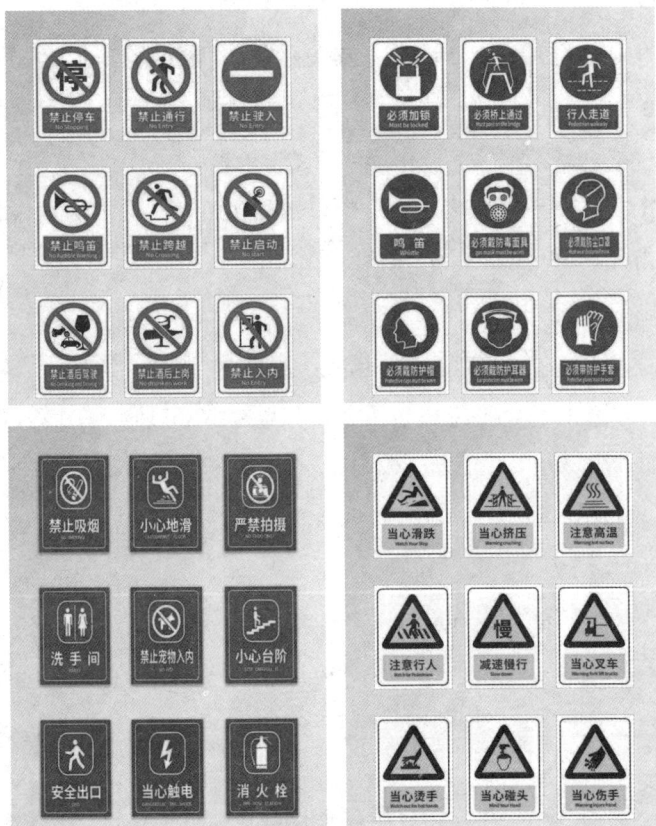

部分安全标识

★小小锦囊②——安全教育绘本推荐

安全绘本

（二）安全活动护成长——活动篇

指导儿童安全开展课间活动。家长在家庭中创设课间活动场景，指导儿童正确使用运动器械等校园设施，引导儿童注意课间活动安全。镜头二中小明和小亮在玩滑梯中，竞相追逐，发生扯拽，导致了安全事故的发生。家长应该指导儿童正确使用运动器械，教给儿童在活动中明确认识哪些行为是危险行为，避免在活动时发生危险。

您可以这样说、这样做——

（1）家长和儿童一起画一画我们可以选择哪些有意义的游戏和活动项目，知道选择开阔的场地进行游戏活动，不追跑打闹，不做对自己及他人有伤害性的行为，上下楼梯时要有序，不嬉戏，人多时要防止踩踏等。

（2）家长和儿童去小区健身广场锻炼，交流如何正确使用运动器械，引导儿童关注入学后的活动安全。

（3）家长应随时根据需要对儿童进行安全教育与指导。当儿童在活动中出现危险行为时，如玩滑梯互相推挤，拿树枝追逐打闹，家长应及时提醒并制止，并借此机会对他们进行安全教育。

★小小锦囊③——小学运动器材使用建议

肋木

其构造是在两根立柱之间装置若干平行的圆形横木。

肋木

由于形状像肋骨的排列，取名肋木。

无教师指导辅助，不建议学生独自使用肋木。

攀爬时要抓好横木防止坠落。肋木顶端三角形区域不可坐卧，跌落风险极大。

双杠

保护：考虑到小学生的身体发展现状，他们无法保证完成动作，所以应在教师指导、保护下进行锻炼，不得双脚站立于双杠杠上。

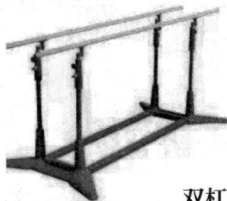

双杠

站位：学生练习时，其他人应站在双杠两侧两米外，不得站在双杠的杠端。

高低单杠

运动项目：引体向上。

引体向上要求练习者跳起双手正握杠，两手与肩同宽呈直臂悬垂；两臂同时用力引体，上拉到下颌超过横杠上缘为完成一次。它要求学生有一定的握力、上肢力量和肩带力量，这个力量必须能克服自身的体重才能完成一次。为避免肌肉拉伤和跌落，学生需在教师指导保护下开展锻炼。

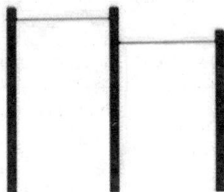

高低单杠

使用单杠时，其他学生应在单杠两侧。

沙坑

运动项目：立定跳远、蹲踞式跳远、三级跳远

注意事项：沙坑里的沙起到缓冲保护的作用，使用前应由体育老师翻松沙坑里的沙。很多学生由于怕脏和技术掌握不够，落地时都是双腿直立，而上体又受不住全身向前的惯性冲击，往往就会向

沙坑

前扑倒，甚至翻滚。而水泥砌的沙坑边缘会造成学生撞伤或擦伤。练习时，教师要在沙坑边缘放置一些垫子来保护学生。未经教师翻松和铺设边缘保

护垫的沙坑不得使用。

器械安全使用提示：

（1）学生使用器械前，必须严格检查各部件之间连接是否可靠，如有松动，必须加以紧固，零部件如影响安全使用，必须及时更换，这是安全使用的前提和保证。

（2）学生要在教师的指导下使用，切勿单独使用。训练前，请先做热身运动。

（3）训练过程中，若出现头晕、呕吐、胸痛或其他不正常感觉时，请立即停止训练，并向医生咨询。

（4）如发现器械有不正常之处，请立即停止使用，避免受伤。

★小小锦囊④——小学课间活动安全自测表

小学课间活动安全自测表

课间活动安全测试题	是（打√）	否（打X）
上下楼梯，靠右行，不拥挤		
在楼道内走路，脚步轻，不喧哗		
教室内，通道窄，不追逐		
走廊上，玩耍不携带尖锐物品		
上课铃响，快步行走，不奔跑		
楼道内，不摸高跳远		
教室内，不攀爬桌椅窗台		
着装以运动装、运动鞋为主		
活动前，看规则，讲方法		
使用器械前，要检查，有问题，早报告		
先热身，再活动		
活动时要有序，不推挤		
活动时，遇危险，要报告		
活动后，做拉伸，勤补水		

（三）自护自救我能行——自护篇

教会儿童自护和自救方法。引导儿童学会识别危险情境和行为，教会儿童简单的自护和求救方法，了解在不同的环境中以什么样的方式向可靠的人求助。

您可以这样说、这样做——

（1）家长通过讲解、示范动作操作，使儿童学习和掌握剪刀、锤子等工具的使用方法。可以引导儿童知道热的食物会导致烫伤以及怎样避免烫伤。还可以使儿童知道鼻子出血后应怎样进行急救。

（2）家长和儿童看一看自护与自救的图片或动画视频，引导儿童了解打雷时在哪里更安全，认识一些常见的安全标志及危险警告标志。

（3）家长和儿童可以通过角色扮演游戏或情景演示，引导儿童体验基本交通规则，学会与陌生人交往的方法；假如在商场里与父母走散了，知道应该找谁帮忙。

（4）家长引导儿童通过行为练习，使儿童学习和掌握拨打求救电话的基本方法以及在火灾等紧急情况下安全而快速地撤离现场的方法。

（5）家长可以给儿童讲故事、念儿歌，使儿童了解玩火的危害。

（6）家长和儿童通过交流、讨论，理解玩火、推挤等危险行为的危害。

★小小锦囊⑤——鼻子出血后处理方法

鼻子出血后处理方法

首先，让患者端坐在凳子上，身体稍前倾，如果嘴巴里有血，及时吐出来。其次，按压出血部位，若鼻出血的部位为鼻中隔前下方，紧贴鼻骨的边缘，用食指向鼻中隔的方向按压；若鼻部双侧出血就用手指捏紧鼻翼（紧挨鼻骨下端软的部分）；若压迫鼻翼以后，口咽部仍有明显的血液流入或者出血量较大，应该及时把患者送到医院就诊处理。多数情况下，10 ～ 15 分钟会起到止血的效果。按压出血部位的同时，冷敷患者鼻部、前额和后颈，通过冷刺激使鼻内小血管收缩从而达到止血的目的。

★小小锦囊⑥——拨打求救电话的基本方法

拨打求救电话的基本方法

★小小锦囊⑦——火灾现场逃生注意事项

火灾现场逃生注意事项

★小小锦囊⑧——地震逃生方法

生命是宝贵的，每一个生命都有理由享有最安全的成长天空。让我们携起手来，引导儿童科学地做好安全防护，共同为儿童筑牢安全屏障，为儿童保驾护航！

地震逃生方法

四、小试牛刀

→ 情境一

放假了，宇轩和小伙伴们想要在小区内燃放烟花爆竹，但周边堆砌了许多易燃的杂物。

A. 宇轩，小区内是禁止燃放烟花爆竹的。你看周围还有很多易燃的杂物，一旦引燃这些杂物，发生火灾，会危及我们的生命安全。爸爸建议你们去小广场打会儿篮球。

B. 宇轩，燃放烟花爆竹时要注意自身安全，远离人员密集的地方，远离易燃物，避免引发火灾。

C. 宇轩，你们去玩吧，注意自身安全哦。

→ **情境二**

妈妈领雨菲去超市购物，过马路时，雨菲看到黄灯亮起，催促妈妈赶紧过去。

A. 雨菲，等等我，这就马上跑过去。

B. 雨菲，当黄灯亮起时，告诉我们需要等待一下。红灯停，绿灯行，黄灯亮了等一等。只有绿灯亮起时，我们才能安全通行。

C. 雨菲，你怎么能闯黄灯呢？不能通过，太危险了，要等待一下。

→ **情境三**

妈妈带小龙去郊外游玩。小龙发现了树上有野果，摘下就要往嘴里塞。

A. 小龙，野果不能随便摘着吃，万一有毒呢？快把它扔了！

B. 小龙，不能随便采摘野果吃，可能会导致中毒。妈妈希望你能够好好保护自己的身体。快去把它扔进垃圾桶吧。

C. 小龙，先不要着急吃，妈妈先给你洗洗。

→ **情境四**

周末，爸爸带李钰去游乐场玩，转椅还没停稳，李钰就要着急上去。

A. 李钰，这样做十分危险，不要急着上去！

B. 李钰，赶紧住手，你不怕出危险吗？

C.（爸爸一把拽住李钰）李钰，刚才的行为是非常危险的。转椅没停稳，就贸然上去，很容易受伤的。要等转椅完全停稳后才能上去，记住了吗？

→ **情境五**

小凯和小伙伴们在院子里玩时，发现一个马蜂窝，便跑回家找竹竿，要去把蜂窝捅下来。

A. 小凯，马蜂窝捅不得，你不要命了？不准出去玩了！

B. 小凯，不能去捅马蜂窝，马蜂会把你蜇伤的。

C. 小凯，妈妈很理解你想做好事的心情，但是捅马蜂窝是件十分危险的事，很可能会被蜇伤的。我们可以请消防员叔叔帮忙处理，来，妈妈和你一起拨打求救电话。

→ 情境六

周末，子奇第一次做手工，拿了一把大人用的大剪刀正在剪纸，动作也不娴熟，不一会儿，便满头大汗。

A. 子奇，你怎么能用这把剪刀剪纸呢？太危险了！赶紧换一把。

B. 子奇，爸爸觉得你使用这把剪刀太费力，用起来也非常危险。剪纸的话用你的美术手工刀就可以，好吗？

C. 子奇，你这么小，不能用剪刀，太危险，快把手工材料收起来，不要做了。

参考答案

选择正确选项将得到一颗☆，您可以请孩子涂上你们喜欢的颜色。

情境一	A	★
情境二	B	☆
情境三	B	★
情境四	C	☆
情境五	C	★
情境六	B	☆

测评结果

★★★★★★	荣获六颗☆，恭喜您顺利过关，荣获优秀家长荣誉称号。
☆☆☆☆☆	荣获五颗☆，您做得非常不错了。
★★★★	荣获四颗☆，还不错，再接再厉！
☆☆☆	收获三颗☆，还可以，继续努力哦。
★★	获得两颗☆，建议您再读读本章节的内容，相信下次会更棒。
☆	获得一颗☆，哎呀，是哪里遇到问题了吗？请您静下心来，跟随我们的文字和图片一起去感悟儿童成长的美好吧。相信再来选择时，一定会找到教育儿童的最好办法。

我们世界上最美好的东西，都是由劳动、由人的聪明的手创造出来的。

——高尔基

勤

一、情景再现

→ 镜头一

我可不敢让孩子做家务，处处都是危险：厨房里有天然气和电器，还有烫手的饭菜；擦地、洗衣服时也容易滑倒……况且儿子才升入一年级，即便做家务也做不好，更是浪费学习时间。让他做的话，我还得再收拾一遍。家务活儿也不多，我们家长顺手就做完了，何必为难一个小孩子呢？

→ 镜头二

女儿早上起床后，从来都不主动叠被子。在我的再三催促下，终于开始尝试自己叠被子了，结果实在是"惨不忍睹"，被子不成形状，只是卷作一团。我叹了口气，忍不住说了她两句，女儿有些不情不愿，学了几次后仍然一点长进都没有，生气地告诉我："不学了，反正学不会！"

→ 镜头三

我在班级群里看到了学校征集小义工的消息，询问孩子想不想报名参与。孩子却说："学校小义工有什么好当的。我要竞选班干部，选上就可以管同学。那才叫威风呢！再说了，小义工要在休息时间干活，多累啊，我还不如多玩会儿呢！"

二、为什么要"勤"劳

教育部印发的《大中小学劳动教育指导纲要（试行）》指出：劳动教育是发挥劳动的育人功能，对学生进行热爱劳动、热爱劳动人民的教育活动。当前实施劳动教育的重点是在系统的文化知识学习之外，有目的、有计划地组织学生参加日常生活劳动、生产劳动和服务性劳动，让学生动手实践、出力流汗，接受锻炼、磨炼意志，培养学生正确的劳动价值观和良好的劳动品质。

孩子勤劳品质的培养，要从家庭出发。家长对劳动教育主要存在"三怕"的思想误区：一怕家务劳动影响孩子学习；二怕孩子不会做家务，反倒添乱；三怕孩子吃苦受累。解决认识上的误区，首先要打破以"分数为王"的教育观，树立全面发展的教育观，把孩子培养成有知识、有道德、有劳动技能、有社会责任感的公民。其次，孩子在做家务劳动时会遇到许多困难和挫折，这都是对孩子能力和意志的磨炼，孩子能从中增长勇气、抑制惰性。再次，在劳动中，孩子会感觉辛苦，但同时也能体验到劳动带来的成就感。这种成就感不断积累，会激励孩子养成积极劳动的好习惯，形成独立自主、自信坚毅的品质。

陶行知认为："劳动教育的目的，在谋手脑相长，以增进自立之能力，获得事物之真知及了解劳动者之甘苦。"在劳动过程中，孩子能够学习劳动技能，提高自理能力，形成良好的劳动习惯；体会劳动创造美好生活的成就感，热爱劳动；体验劳动艰辛，更加体谅父母，学会感恩；更加尊重普通劳动者，树立劳动最光荣的观念；培养勤俭、奋斗、创新、奉献的劳动精神。

三、家长该怎么做

第一，积极引导，树立正确的劳动观。

在很多家庭中，父母和"四老"对孩子可谓"捧在手里怕摔了，含在口中怕化了"，就像镜头一中的家长担心孩子做家务有危险，将家务全权代办，结果便是孩子在家不能自理，进入小学也难以适应一年级的生活和学习。俗话说："懒妈妈培养勤快孩子。"孩子在劳动中能够学习技能，实现自立，增强责任意识，也能体悟劳动者的辛苦，学会感恩。家长也要转变观念，认同并接纳以下观点：孩子已经上一年级，我是一个小学生的家长了，是时候装作一个"懒家长""笨家长"，适时地向孩子示弱，放手让孩子去尝试，做力所能及的劳动——扫地、拖地，整理书桌、床铺，收拾厨房、餐桌，洗内衣、袜子，晒被子等，给孩子自己实践、犯错、反思、总结的机会，这样才能更好地助力孩子变"勤"。

家长可以"示弱"道："唉，今天工作好累，没力气收拾餐桌了"，"妈妈好笨啊，收拾茶几的时候一不小心把水弄洒了"，给孩子劳动的机会。经过尝试，家长会发现，心里许许多多的担心，都变成了惊喜，"真不能轻视孩子的能力，他们的潜力无穷呀！""刚吃完饭就马上擦桌子、扫地、擦地，行动力很强，以前真是小看他了！""今天孩子收拾茶几花了整整一个小时，累得酸酸背痛，还说'简直太乱了，以后咱们家放东西不能乱放，要各种物品按类别、按地方摆'。""感觉孩子一下子长大了，懂事多了。"经过亲身体验，孩子会在汗水中体悟劳动的不易，学会心疼家人，感觉到自己是家庭中的一分子，自己力所能及的事情，就应该去做，担当起该有的责任。

在小家庭中，虽然分工不同，但是每位成员都应该承担家庭责任，做出自己的一份贡献，社会大家庭也是如此。在风吹麦浪的乡村里、在机器轰鸣的工厂中、在熙来攘往的街道上……广袤的大地上，无数劳动者辛勤地忙碌着，都在用自己的方式为社会做贡献。家长对服务人员的一句"谢

谢"、一个微笑、一个竖起的大拇指都在潜移默化中教育孩子：劳动不分高低贵贱，要尊重每位劳动者。家长也可以以劳动节为契机，带孩子了解不同的职业，感受劳动者的辛劳，感恩劳动者的付出，践行光盘行动、主动捡拾垃圾，共同守护劳动果实。

第二，正面激励，获得劳动的成就感。

苏霍姆林斯基说过："爱劳动首先是孩子情感生活的范畴。只有当劳动给孩子带来快乐时他才渴望劳动。劳动的快乐越深刻，孩子就越珍惜自己的荣誉，越清楚地在劳动中看到自己的努力、自己的荣誉。"

劳动的成就感来自享受劳动成果。如果周围环境乱糟糟的，长期生活于此也会习惯。家长可以引导孩子感受一下劳动带来的改变。比如整理书桌前，先拍下东西乱放、有污渍的书桌，整理后，再拍下东西摆放有序、干干净净的书桌。两者进行对比，东西摆放整整齐齐，看起来真舒服；试着找一个东西，很快就找到了，真方便；没有杂物分心，学习效率也更高了，孩子自然会成就感满满。

劳动的成就感来自鼓励。清代教育家颜元说过："数子十过，不如奖子一长。"镜头二中，女儿刚开始尝试自己叠被子遇到困难，家长便忍不住叹气、说教。但是回想一下自己小时候开始劳动时，也会感觉困难重重。如果在此时看到家长失望的眼神或听到质疑甚至批评的话语，也会失去劳动的信心，失去尝试的欲望。万事开头难，劳动技能不是一蹴而就的。即便孩子做得不尽如人意，家长也应以欣赏的目光，发现孩子在一次次尝试中的点滴改变和成果，然后巧夸、猛夸，抓住细节具体夸，比如，孩子，你真有办法，先平铺被子整理完再叠，叠得真平整；孩子，这次叠被子你对准了被角，叠得真对称，简直是我们家的小小顶梁柱……这样的鼓励不仅让孩子有了劳动的自信，也有了劳动的动力。家长也可以采取家务积分的方式，孩子做不同难度的家务活获得相应的积分，累积到一定积分后有相应的奖励，让孩子有持续的动力，更加积极地承担家务劳动，形成习惯。

劳动的成就感来自创造。有一次扔垃圾时，孩子感叹道："这些快递

纸箱好好的，就这么扔了，真可惜呀！"于是我提议："咱们一起想想怎么将纸箱进行再利用吧！"孩子兴奋极了，经过设计和改良，动手制作出了收纳盒、滑翔机、机器人，还给猫咪做了一个温馨的小窝呢！孩子看着自己动手制作、变废为宝的"大作"，听着我的表扬，心里别提有多自豪了。

孩子在劳动中感受不到成就感，劳动便是又苦又累的惩罚。所以，想让孩子主动参与劳动，要让孩子直观地享受自己的劳动成果，听到家长不断的鼓励和表扬，在创造中启迪智慧。在愉悦的心境中，孩子的感觉、记忆和思维都会处于最佳状态，也会从中获得自信、勇气和上进心，勤于劳动、锻炼身心，并愿意继续尝试新的劳动。

第三，实操训练，为您支招。

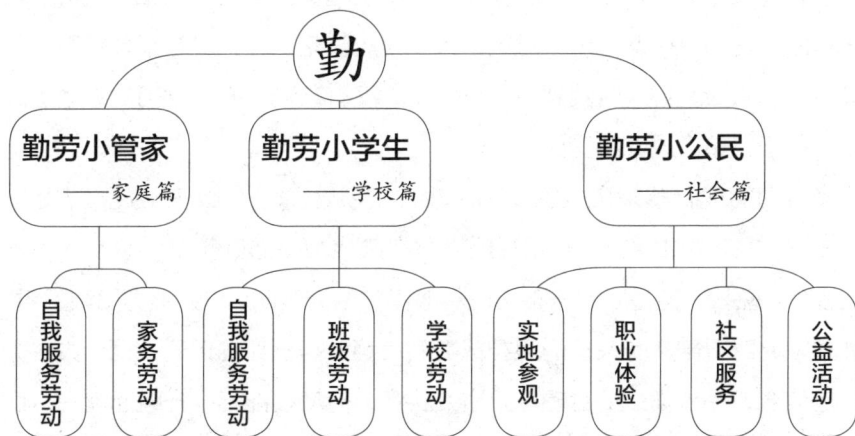

何为"勤"？自己的事情自己做，不需家长代劳；家里的事情主动做，体谅父母；学校的事情帮着做，在集体中有担当；社会的事情积极做，贡献自己的力量。那么作为家长，如何帮助孩子真正实现"勤"呢？我们来为您支招。

（一）勤劳小管家——家庭篇

一年级孩子动手能力有限，许多家长担心孩子不会劳动，甚至受伤。

这就需要家长选取适合孩子的家务劳动，做好示范，并传授方法。

您可以这样说、这样做——

（1）选取适合孩子的家务劳动，做好安全教育：镜头一中的家长不敢让孩子做家务，担心厨房里有天然气和电器、烫手的饭菜，擦地容易滑倒……建议避免有危险性的家务，如做饭，端热菜、热饭，同时在孩子尝试家务劳动时做好安全教育，如擦地时拧干拖布，穿防滑鞋子。

（2）家长先分解任务，再按步骤做示范，让孩子动手尝试。万事开头难，没有家长的细致指导，孩子难免会无从下手。例如家长只让孩子去整理书柜，但没有教孩子怎么整理，孩子只能自己摸索，如果整理不好，用书的时候也很难找，会让孩子非常灰心。这时，家长可以教孩子"三步走"整理书柜：先划分区域，不同的格子放不同类别的书；再纵向摆放，便于取放；还要从高到低排列，更加美观。

（3）在孩子劳动时，家长要做到陪伴、鼓励、建议，协助孩子解决困难，鼓励孩子获得自信，帮助孩子熟能生巧。

★小小锦囊①——年级家务劳动建议

自我服务劳动：洗脸、刷牙、梳头、洗头、洗澡、剪指甲，讲个人卫生；穿脱衣服、系鞋带；洗手帕、内衣、袜子等小件物品；整理自己的学习桌、书柜；铺床，叠被，叠衣服，整理衣柜；有条理地放置房间内小件物品；打扫房间等。

家务劳动：扫地、拖地；择菜、洗菜、淘米；盛饭、摆放碗筷，饭后收拾餐桌，刷洗碗、筷、杯子；整理、清洁卫生间；给植物浇水；了解安全用电常识，会使用家用电器；帮助家长做其他力所能及的事情等。

★小小锦囊②——整理书桌"三步法"

整理书桌"三步法"

★小小锦囊③——叠被子

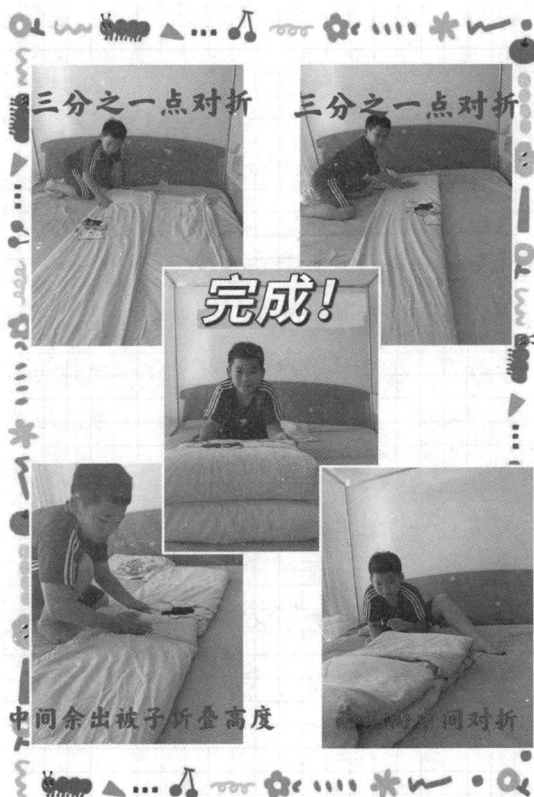

叠被子

★小小锦囊④——叠衣服、整理衣柜

伸伸手

抱一抱

叠好衣服

love

择两队

变一队

弯弯腰

完成！

叠衣服

过季衣物	过季衣物	过季衣物	过季衣物
短衣区 -衬衫 -针织 -毛衣	长衣区 -大衣 -风衣 -连衣裙	短衣区 -衬衫 -针织 -毛衣 -t恤	短衣区 -西服 -夹克 -棒球服
叠放区		叠放区	
内衣裤		领带　领结　饰品	裤挂区 -西服 -牛仔裤
牛仔裤		毛衣　T恤	
休闲服	闲置包包	牛仔裤 休闲裤 运动裤	
旅行物品		运动服 泳衣	
		出行物品 旅行衣物	

整理衣柜

（二）勤劳小学生——学校篇

升入一年级后，参与学校劳动能让孩子实现自我服务，学会自立。对班级来说，也是提高班级集体荣誉感，增强集体凝聚力，培养合作、协作意识和团结精神的重要途径。

您可以这样说这样做——

（1）聊一聊自己曾经在学校时所做出的劳动服务，鼓励孩子积极参与力所能及的劳动服务，如分餐、打扫卫生、给植物浇水、照顾体弱的同学。镜头一中孩子觉得不愿意担任学校小义工，因为不像班干部那样威风，不仅累，还要牺牲休息时间。家长这时可以与孩子分享自己担任小义工的故事，过程中是怎样帮助同学的，以及被帮助同学的感谢、老师的表扬和内心的自豪感，让孩子意识到担任小义工能够帮助到同学，也能获得巨大的成就感，对担任小义工心生向往，积极参与学校劳动。

（2）提前练习做值日生，提高孩子的动手能力，增强责任与担当意识。

（3）与孩子讨论，分析自己的优点和擅长的劳动，共同探讨可以参与哪些学校劳动。

★小小锦囊⑤——一年级学校劳动建议

自我服务劳动：按时喝水、上厕所；安静吃饭，不挑食，践行光盘行动；根据天气增减衣物；运动时做到自护；整理笔袋、书包、桌洞；包书皮，爱护、保管好学习用品；自己背书包上、下学；爱护、清洁桌椅等。

班级劳动：擦黑板；扫地，擦地；整理桌椅；开关灯、门窗；分餐；给植物浇水；帮助同学、老师做其他力所能及的事情；竞选班干部等。

学校劳动：学校小义工、志愿者等。

★小小锦囊⑥——值日项目打卡表

值日任务打卡表

值日任务	会（打√）	不会（打Ｘ）
扫地、拖地		
整理桌椅		
擦黑板		
关电脑、灯、门窗		
给植物浇水		
整理卫生角		
垃圾分类、倒垃圾		

★小小锦囊⑦——探讨适合孩子的学校小义工

学校小义工表

孩子优点	学校小义工	任务
爱护花草、擅长照顾花草	校园护绿小义工	负责定期浇水、除草、施肥；时刻提醒大家关爱花草树木等
干净整洁、细心观察	校园卫生小义工	负责检查各班教室及周边卫生；勇于制止乱扔垃圾现象；主动捡拾垃圾，维护校园清洁卫生等
节能意识强	节能监督小义工	负责监督和提醒教室无人时关灯关电、关紧水龙头、不浪费食物等。
两操动作标准	两操管理小义工	负责监督和提醒同学做好眼保健操和课间广播操
遵守纪律，勇于制止不文明现象	风纪管理小义工	负责维持校园课间秩序，监督和提醒同学不追逐、不打闹、排队行走，上、下楼梯靠右行走；督促同学轻声慢步，不大声喧哗；制止其他不文明现象
有耐心，勇于制止不文明现象	午餐管理小义工	负责监督和提醒同学排队打饭，不拥挤、不喧哗；就餐时安静；践行光盘行动等

（三）勤劳小公民——社会篇

　　和谐社会需要每个人的共同参与和努力。小学生作为小公民，参与社会实践劳动，可以丰富生活体验，加深对社会的认识，也可以传递爱心，

贡献自己的一分力量。

您可以这样说、这样做——

（1）带孩子体会劳动辛劳：在田间劳作后，孩子会实实在在地感受到农民"面朝黄土背朝天"的辛苦；参观交警大队，孩子会感叹："无论是晴天、下雨还是刮风、下雪，交警叔叔总是会出现在街头，为我们指挥交通，可真不容易啊！"；参观军营时，孩子会亲身体会到军人叔叔阿姨叠出方正的被子，走出整齐的步伐有多难。在此过程中，孩子不仅收获了劳动技能知识，也体验到了劳动的辛苦与快乐。这一切是孩子真真切切的体会，对各种职业者的敬意也油然而生。

（2）与孩子一起参加社区服务，如打扫楼道、电梯；捡拾垃圾、垃圾分类；清除小广告等，共同建设干净、整洁的美好社区环境。

（3）支持、鼓励孩子参与公益活动，如帮助烈属、孤寡老人、残障人士做家务；陪伴孤儿院的孩子玩耍；为山区的孩子收集、捐赠衣物和学习用品；参与爱心义卖；爱绿护绿，参加植树活动等。

★小小锦囊⑧——劳动社会实践活动

劳动社会实践活动表

职业体验	农民（种水稻、挖地瓜等）、志愿者、超市收银员、交警、银行职员、工人、厨师、服务员等
实地参观	红色教育基地、交警大队、消防大队、医院、军营、工厂等
社区服务	打扫楼道、电梯
	捡拾垃圾、垃圾分类
	清除小广告
公益活动	帮助烈属、孤寡老人、残障人士打扫庭院或做家务
	陪伴孤儿院的孩子玩耍
	为山区的孩子收集、捐赠衣物和学习用品
	爱心义卖
	爱绿护绿，参加植树活动

"人生在勤，不索何获。"加强劳动教育，让孩子在劳动中不断尝试，积累经验、激发创造性思维；在劳动中收获成果，获得成就感；在劳动中体会艰辛，懂得感恩；在劳动中学会担当，增强社会责任感；在劳动中创造美好生活，实现人生理想。

四、小试牛刀

→ 情境一

回家后，小琪说："妈妈，我不想当班级图书管理员了，好累啊！"

A. 孩子你别累着，我向班主任申请一下吧。

B. 这是你自己选择的，好不容易才竞选上，再坚持坚持。

C. 小琪，回想一下之前你为什么想竞选图书管理员呢？不就是想为大家服务嘛！同学们都很认可你、感谢你。想到这些，你是不是更有动力了呢？

→ 情境二

厨房里，刚升入一年级的萌萌说："爸爸，我想学做菜，您教教我吧！"

A. 耐心地解释道："萌萌，做菜爆锅还会溅出热油，你年纪还小，太危险了。你可以先帮爸爸择菜、洗菜、淘米吗？你懂得帮助爸爸，爸爸真幸福呀！"

B. 示范一遍后，让孩子独立在厨房做菜。

C. 认为做菜太危险了，拒绝孩子。

→ 情境三

叠衣服时，小潇说："妈妈，我好几双袜子都只剩一只了。"

A. 肯定是你随便乱放弄丢的，以后你一定记得放好。

B. 剩下一只也没法穿了，不要了吧！

C. 告诉你一个小妙招，袜子晒干收起来的时候，把一只袜子塞进另外一只里面，这样就丢不了了，也很方便找呢！

→ 情境四

小超第一次尝试洗衣服，洗完后发现 T 恤衫上还有一块污渍，他沮丧极了。

A. 没事孩子，妈妈再帮你洗一遍。

B. 这么大了连个衣服都洗不干净，哎！浪费时间，还不如看会书呢！

C. 孩子，记得妈妈第一次洗衣服，黑色和白色衣服混在一起，白衣服变黑了，黑衣服上粘毛了。你比我可厉害多了，瞧，你洗得多干净！这块是顽固污渍，要重点揉搓，再试试吧！

→ 情境五

放学路上，小丽说："爸爸，环卫工人身上好脏呀！"

A. 不要这么没礼貌，小心让他们听见！

B. 这是因为他们在帮我们打扫街道、收拾垃圾呀。正因为有他们，我们才有这么整洁的生活环境，我们应该感谢他们。

C. 躲着走就行了，别弄脏你的新裙子。

→ 情境六

小成拿着剪刀，正在把空洗衣液瓶改造成花盆。

A. 别费心了，家里有花盆，去玩会吧！

B. 小成，你不会用剪刀，还是让爸爸来吧！

C. "孩子，用圆头剪刀会更安全一点。"孩子做完之后鼓励他，"你可真厉害，垃圾变成宝了。你做的这个花盆还有把手呢！拿起来真方便，正好爸爸缺一个花盆栽兰花，谢谢你！"

参考答案

选择正确选项将得到一颗☆，您可以请孩子涂上你们喜欢的颜色。

情境一	C	★
情境二	A	☆
情境三	C	★
情境四	C	☆
情境五	B	★
情境六	C	☆

测评结果

★★★★★★	荣获六颗☆，祝贺您，孩子幼小衔接的旅程中因有您的陪伴而精彩！
☆★★★☆	荣获五颗☆，您做得非常不错了。
★★★★	荣获四颗☆，还不错，再接再厉！
☆★☆	收获三颗☆，还可以，继续努力哦。
★★	获得两颗☆，建议您再读读本章节的内容，相信下次会更棒。
☆	获得一颗☆，请问是哪里遇到问题了吗？请您静下心来，跟随我们的文字和图片一起去感悟孩子成长的美好吧。相信再来选择时，一定会找到教育孩子的好办法。

头是宝库，舌头是钥匙，眼是勇士，手是财富。

——哈萨克族谚语

灵

一、情景再现

→ 镜头一

孩子进入小学后，我发现老师特别重视对孩子跳绳的训练。班里大部分同学一分钟能跳 100 多个，我家小方一分钟才跳不到 20 个。看到如此情形我赶紧向老师寻求解决的方法。老师建议小方除了在学校进行跳绳练习外，还要加强家庭训练。现在我每天晚上都会带孩子在楼下跳绳活动 5 分钟，但孩子的跳绳成绩仍不见长进……

→ 镜头二

我家孩子都上一年级了，却还不会系鞋带。老师经常电话反馈说每当下楼做课间操、上体育课或是放学站队时，常常能看到他松散的鞋带，很是担心孩子的安全。一想到孩子给老师添了麻烦，我赶紧嘱咐孩子要学会自己系鞋带。孩子也感到很委屈，他也不是不学，就是怎么学也学不会。我也不知道该怎么教，只能让他穿那种不用系鞋带的鞋子。

→ 镜头三

我家孩子每次写字都像"作画"，笔画歪歪扭扭不说，还经常写出格。不仅如此，因写字速度太慢，每次的当堂作业，都要带回家做一部分，可在家写不了多久，他就喊手酸要停下。开学后识字写字也有一段时间了，会写的字还是非常有限，想到这里我的内心焦急如焚。

二、为什么要心"灵"

蒙台梭利曾说:"孩子发展自我,必须通过自身的运动和手的活动才能实现。"此言不虚,学生的发展离不开强健的体魄和灵巧的双手,在这里,我建议各位家长一定要重视孩子的体育锻炼,同时注重孩子的精细动作发展。

体育锻炼的最终目的是孩子的身体健康。科学研究证明:小学生坚持上好体育课,积极进行体育锻炼,可以增强骨质,促进生长发育,利于小学生的身高迅速增长。所以,加强体育锻炼不仅是为了迎合当下的大趋势,更是为了孩子的身体健康,也为了孩子的未来发展。

强健的体魄是孩子进行一切活动的基础,灵巧的双手还会大大提升孩子的学习效率和思维能力。日本著名儿科医生稻垣武说:"让孩子积极使用双手,使手指的触觉变得敏锐,是促进大脑发育的重要刺激。"手与人脑有着极为密切的关系。在精细动作中,一方面需要人视、听、触觉等多方面感觉的参与,另一方面,手的活动能够使大脑的更多区域得到锻炼。手部动作运用越灵活的孩子,探索的能力越强,就越聪明。精细动作能力还可以培养孩子的专注力,提升探索能力、认知能力等。

三、家长该怎么做

第一,积极锻炼,强身健体。

伏尔泰曾说:"生命在于运动。"孩子即将从幼儿园步入小学,强健的身体是他们顺利适应小学学习生活的必要条件。小学阶段的学习和生活,需要强健的体魄,丰富的体育活动必不可少。体育不仅可以让孩子拥有强健的体魄,而且可以促进孩子的生长发育,树立规则意识,培养孩子的团队合作意识和集体主义精神,提高抗挫能力等。

镜头一中,当班里大部分同学一分钟跳绳能跳 100 多个时,小方同

学一分钟才跳不到 20 个。在与家长的交流中，我了解到，小方每天楼下 5 分钟的练习，只是用自己原本的方式跳了 5 分钟的绳而已。我建议家长先教孩子掌握跳绳的方法：首先，要把跳绳调整到适合孩子的长度；其次，对于跳绳不熟练的小方，可以带着孩子尝试分解跳绳动作，双手抡绳，双脚跳过去，再抡绳，再跳绳……熟悉节奏后，再慢慢连跳；最重要的是，家长要对孩子每次的进步给予肯定和鼓励。孩子得到父母的赞赏，练得更起劲了。小方家长"趁热打铁"，又让小方坚持练习了一段时间。经过练习，小方渐渐熟练掌握了跳绳的要领，现在他每分钟最多可以跳 76 下了。

积极锻炼、坚持运动可以增强孩子手脚协调能力，有助于培养孩子的节奏感，增强身体的协调性。通过合理的运动，不仅能促进孩子身体均衡发展，还能培养孩子不怕失败、坚持不懈、有竞争意识等良好品质。

第二，精细运动，灵活双手。

众所周知，手是我们认识世界、保持沟通交流的重要途径。而手部的精细运动是我们在获得了基本姿势和移动能力之后逐渐获得的一种能力。精细动作是儿童智能的重要组成部分，是儿童能进行更复杂任务的前提，也是神经系统发育的一个重要指标。

镜头二中的小胡同学都上一年级了还不会系鞋带。每当下楼做课间操、上体育课或是放学站队时，老师经常能看到他松散的鞋带。每当老师提醒，同学帮助系鞋带时，小胡都感到很委屈，他不是不学，而是怎么学也学不会。家长也不知道该怎么教，只能让他穿那种不用系鞋带的鞋子。

系鞋带这种事是因人而异的，有的孩子只看大人的示范动作就学会了，有的孩子学习系鞋带可能会需要更多的时间。家长首先不要焦虑，理解系鞋带对于孩子来说确实有一定难度。当孩子学不会系鞋带这个相对复杂的动作时，家长可以用小游戏来尝试训练。家长可以在带小胡同学学习系鞋带之前，先让小胡去玩一些穿针引线的游戏，比如找一张纸，在中间剪几个小孔，然后找一个绳子让孩子去穿。以激趣和鼓励为主，给小胡以自信，消除孩子对复杂动作的恐惧，当然，最关键还是让小胡亲自动手去尝试。

就这样，在妈妈的耐心陪伴下，小胡终于学会了系鞋带。之后，小胡还爱上了更多需要动手操作的手工作业，一双小巧手越用越灵活。

镜头三中初入小学的明明，每次写字都像"作画"，横不平竖不直不说，还经常写出格。因写字速度太慢，每次的当堂作业都要带回家做一部分，家长反映明明在家写一会儿就喊手酸要停下。开学后识字、写字也有一段时间了，他会写的字还是非常有限。当我问起明明家长孩子幼儿园时期是否喜欢折纸、剪纸、捏橡皮泥等手工活动时，家长的回答是否定的。其实在幼儿园时期就注重培养孩子的精细动作，就算没有做过针对性的书写训练，孩子也能把字写得很好。

苏联教育学家苏霍姆林斯基说过："儿童的智慧在他的手指间上。"可见，精细动作对孩子以后的协调能力、写字能力发展，以致孩子的智力发展有多么重要。

第三，实操训练，为您支招。

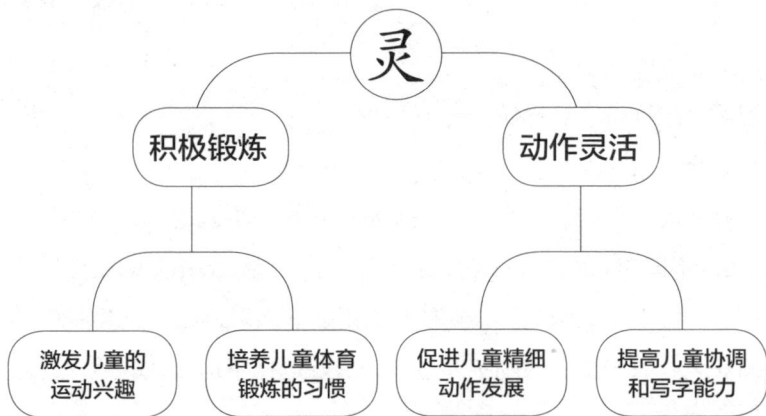

"灵"即"心灵手巧"。通过积极锻炼培养儿童良好的体魄，通过精细动作训练让儿童的各项能力协调发展。那么，家长如何帮助孩子真正实现"灵"呢？我们来为您支招。

在运动前，请您和孩子一起做好运动时的安全保护。

（1）穿戴好所需运动装备，如运动服、运动裤、运动鞋等，身上尽

量不携带与运动无关的物品，如钥匙、背包等，尽量选择适合运动的场地进行运动。

（2）运动前一定要做好充分的热身准备，时间最好在 10 分钟左右。

（3）运动前后半小时不进食。

（4）运动时尽量保持均匀的呼吸，建议鼻吸口呼，家长可以示范并告诉孩子"鼻子吸气，嘴巴呼气"。

（5）运动后出汗不要着急脱下衣服或吹冷风，避免着凉。

（6）运动后做好拉伸，小口喝水。

（7）家长在孩子运动时，要保持全程关注与监护。

一切准备就绪。接下来，我将为大家介绍几个小学阶段体质监测中所要求的体育项目，并教给您用简单小游戏的方式带孩子运动。

（一）加强体育锻炼——体灵

对于小学阶段的体育锻炼，还是要以激发儿童的运动兴趣为主，培养儿童体育锻炼的习惯。

您可以这样说、这样做——

1. 跳绳

跳绳活动不仅能锻炼全身，还能发展儿童的协调动作，培养孩子不怕失败、坚持不懈、有竞争意识等良好品质。学习跳绳最重要的三点就是"绳长、方法、鼓励"。当然，如果您正在教孩子练习跳绳，还要注意保护好孩子的安全！每天练习时间不要过多，最好选择平坦松软的地面，避免对膝盖造成损伤。

★小小锦囊①——小学一分钟跳绳参考标准

小学一分钟跳绳评分表

男生一分钟跳绳单项评分表（单位：次）

等级	得分	一年级	二年级	三年级	四年级	五年级	六年级
优秀	100	109	117	126	137	148	157
良好	85	93	101	110	121	132	141
合格	70	52	60	69	80	91	100
	60	17	25	34	45	56	65

女生一分钟跳绳单项评分表（单位：次）

等级	得分	一年级	二年级	三年级	四年级	五年级	六年级
优秀	100	117	127	139	149	158	166
良好	85	95	105	117	127	136	144
合格	70	52	62	74	84	93	101
	60	17	27	39	49	58	66

2. 肺活量

　　练习肺活量除了平时我们常用的深呼吸法、静呼吸法、睡眠呼吸法、运动呼吸法之外，我们还可以带孩子一起进行有趣的吹气球比赛，让儿童利用简易的工具提高自己的肺活量，并对体育锻炼产生浓厚的兴趣。如果孩子的肺活量低，也不要太过于担心和害怕，可以通过长期进行游泳或者长跑等有氧运动来提升肺活量，这样也能够改善孩子的体质，让孩子的身体更加健康。

　　★小小锦囊②——吹气球

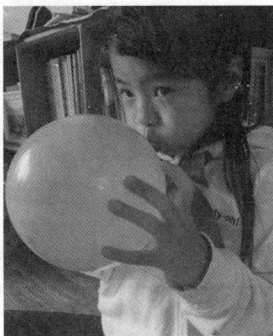

吹气球

3. 50 米跑

50 米跑和孩子的日常生活密不可分。家长可以带着孩子玩"1、2、3，木头人"的小游戏：让孩子离自己 50 到 100 米远，家长背身朝墙数"1、2、3"，这三个数的时间里孩子要以最快的速度奔向你；随后家长喊出"木头人"并转身，这时孩子则要定住不动。这个小游戏既能锻炼孩子的反应能力，又能加快孩子的奔跑速度，最重要的是这是一个十分欢快的亲子互动过程。小游戏之后，家长还能以体育游戏的方式让孩子来试着进行类似50 米直线跑的活动，帮助孩子在学校接触 50 米跑时能更快进入状态。

★小小锦囊③——"1、2、3，木头人"小游戏

4. 坐位体前屈

坐位体前屈可以锻炼儿童的柔韧性，帮助儿童更好地发挥力量。家长可以让孩子坐在平整的地面上，膝关节伸直不弯曲，上体向前移动，但是不能出现突然前倾的动作。还可以让孩子每晚睡前在床上玩个"坐坐好，摸摸脚"的游戏，当孩子伸直双腿，手都能伸到脚往前的位置了，还可以把最喜欢的毛绒玩具放在前面，让孩子继续够一够。记得为孩子的每次进步给予鼓励！

★小小锦囊④——坐位体前屈练习

坐位体前屈练习动作示意

（二）精细动作训练——手灵

精细动作是儿童智能的重要组成部分，也是神经系统发育的一个重要指标。

您可以这样说、这样做——

1. 折纸训练

折纸活动能锻炼孩子手的触感和动作的准确性，通过纸张的千变万化，培养学生的创造性思维能力。对于低年级的孩子来说，折纸还是有难度的，在折纸过程中可能会出现边角对不齐或纸张损坏等困难。这时，家长要有耐心，带着孩子从简单的折纸项目入手，引导孩子折前观看步骤，折时集中注意力，跟着大人一步一步去折。通过多次的观察和实践，折出自己想要的形状，从而体验成功的喜悦。

★小小锦囊⑤——折飞机

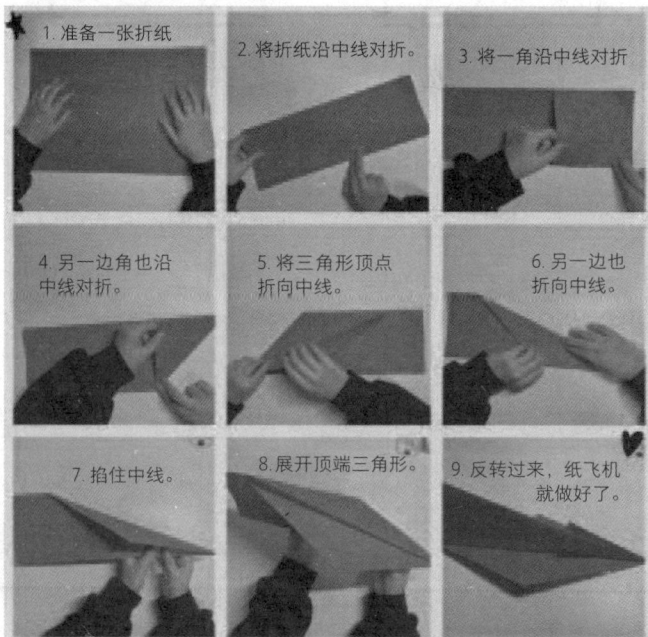

1. 准备一张折纸
2. 将折纸沿中线对折。
3. 将一角沿中线对折
4. 另一边角也沿中线对折。
5. 将三角形顶点折向中线。
6. 另一边也折向中线。
7. 掐住中线。
8. 展开顶端三角形。
9. 反转过来，纸飞机就做好了。

折飞机

2. 画圆形和弧形训练

画圆和画弧训练都需要孩子能正确控笔,这里主要指的是硬笔的控笔。可以用口诀带着孩子记忆正确的执笔方法:"食指拇指捏着,三指四指托着,小指身后藏着,笔尖向前斜着,笔杆向后躺着。"在正确执笔的基础上,家长可以先画一个大圆,让孩子用不同颜色的笔去描圆,随后可以加大难度,让孩子去描画越来越小的圆,最后可以精确到田字格的小方格里。学会画圆之后再学画弧线。控笔训练不仅可以有效提高孩子的写字水平,还能激发孩子的练字兴趣,让练字事半功倍。

★小小锦囊⑥——画圆练习

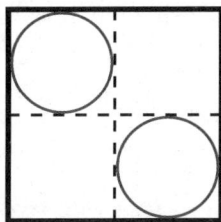

| 田字格画小圆 | 田字格画大圆 |

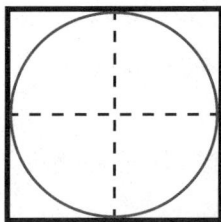

3. 剪纸训练

剪纸是我国优秀的民间传统艺术,也是小学美术课程重要的组成部分。孩子初次接触剪纸,要使用带有安全帽的圆头剪刀。家长可以打印或画出不同图形,让孩子尝试剪纸。随着剪纸图样的增多,还可以让孩子尝试各种图案的拼组、穿插、粘贴等,促进孩子综合能力的发展。

★小小锦囊⑦——剪窗花

1. 准备纸、笔、尺、剪刀等材料。　　2. 将正方形纸按对角线对折　　3. 再对折。

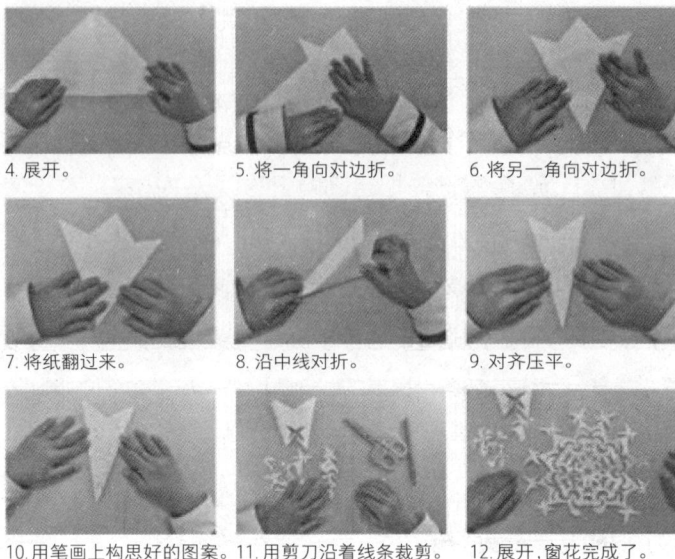

4. 展开。　5. 将一角向对边折。　6. 将另一角向对边折。

7. 将纸翻过来。　8. 沿中线对折。　9. 对齐压平。

10. 用笔画上构思好的图案。　11. 用剪刀沿着线条裁剪。　12. 展开，窗花完成了。

剪窗花

4. 坚果排队

最开始，家长可用瓜子依次排队，并且边排边数数，然后引导孩子和家长一起排瓜子，一起数数。在这个基础上，可以加大难度，让孩子从小到大给瓜子排队。游戏过程中锻炼孩子小手的抓握能力。熟练游戏后，家长可以取出更多种类的坚果，让孩子认识各种坚果，并按大小排序；还可以指定后续坚果，如瓜子、开心果、杏仁、核桃、花生。在坚果排队过程中，可以问孩子接下来该排什么坚果，或者是要排几个坚果。通过排队游戏，锻炼孩子动手能力的同时，也提高了孩子的认知能力和专注力。

★小小锦囊⑧——坚果排队

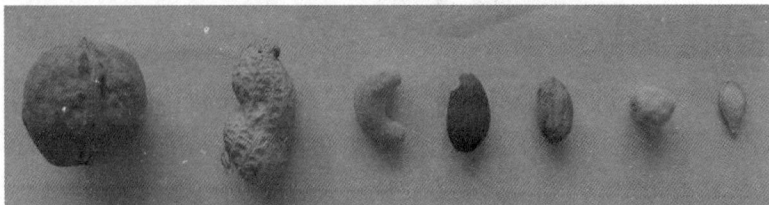

坚果排队

5. 夹豆子

这个游戏需要孩子在熟练使用筷子的基础上进行,游戏前准备红豆(或绿豆)、两个碗、筷子。首先家长要分别将 5 粒豆子放入碗内,接下来孩子和家长就可以比赛了,看谁先把自己碗里的豆子夹出来。对于使用筷子,大人的熟练度肯定要高于小朋友, 这时, 我们家长可以适当"放水",让孩子尝试到成功的喜悦并爱上这个游戏。随后我们可以放更多的豆子到碗里进行比赛, 还可以放不同种类的豆子到碗里夹出指定豆子等。通过夹豆子的小游戏, 大大提高了孩子对手的控制性, 培养了孩子的耐心, 更重要的是还增进了亲子感情。

★小小锦囊⑨——夹豆子

夹豆子

★小小锦囊⑩——拿筷子的正确方法

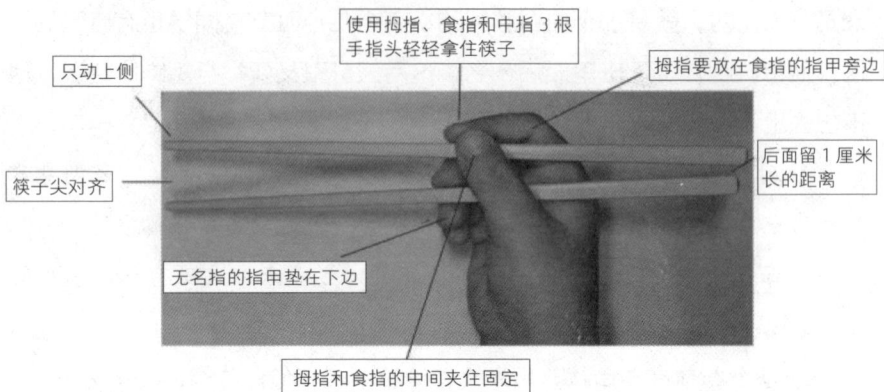

拿筷子的正确方法

四、小试牛刀

→ 情境一

小欢入小学刚到一周，各方面适应得都还不错。但班主任打电话反映小欢午餐时总是习惯于用左手把饭拿进右手的勺里再进食，脸上经常挂着米粒，在校共就餐三次，就有两次把整盒饭都撒在了地上……

A. 不能在学校陪伴孩子，非常担心小欢的在校情况，希望老师多多关注一下孩子的在校就餐，请老师帮助小欢改正就餐习惯。

B. 孩子刚从幼儿园过渡到小学，个别方面肯定会有不适应，暂时不在校就餐，回家练习用餐方法和礼仪。

C. 肯定孩子能很快适应小学生活，与孩子一起找出就餐问题的原因，在家做夹豆子的小游戏，锻炼双手的灵活性，及时与老师沟通孩子后续在校就餐的表现。

→ 情境二

艾克同学是个特别可爱的小男孩，他最大的爱好就是吃，从来不挑食，

每次在校都能光盘甚至再多吃一两个小馒头。在队伍中大家可以明显认出谁是艾克。对，就是那个白白胖胖的小高个儿！可艾克同学也有自己的烦恼，他每次跑步都是班里最后一名，这两天班里又要举行短跑比赛了，他不想去上学……

A. 耐心与艾克沟通，明确不能因为自己不想就不去上学，强调身体健康的重要性，与孩子一起合理安排饮食，一起运动，增强体质。

B. 保持乐观才是最重要的，不要不开心了。来，这里有你最喜欢的零食，吃点美食忘却烦恼！

C. 每个人都有自己擅长的方面，运动不是我们的特长，要接受事实。

→ 情境三

暑假就要到了，学校给每位同学布置了每天运动一小时的作业。

A. 工作较忙，让孩子自己去完成。

B. 坚持运动对每个人的健康都是有好处的，每天固定时间和孩子一起锻炼。

C. 暑假是属于孩子的自由时间，建议学校把时间还给学生，让他们去做自己喜欢的事。

→ 情境四

李强是个非常聪明的学生，课上的知识点老师一讲他就明白，各科知识学得都非常好。但一到美术课，他就犯愁，绘画、折纸、剪纸等手工课程他确实有认真去听，但动起手来却不像听的那样简单。李强回家把这件事告诉了家长。

A. 这么简单的事都能难倒你？你很聪明，多练练肯定没问题的！

B. 主科知识都学会就可以了，美术学科只算特长，学不好也无所谓。

C. 带孩子从简单的折纸、剪纸开始练习，慢慢提升难度，增强双手的灵活性。

→ **情境五**

孩子爱玩玩具，但不爱收拾。

A. 与孩子一起尝试按照大小、颜色或喜爱程度给玩具分类，"送玩具回家"过程中鼓励孩子亲自将玩具放回。

B. 孩子现在还小，自己收拾东西很慢不说，可能还会越忙越乱。我会帮孩子收拾。

C. 自己的玩具都收拾不好，下次不要再玩了。

→ **情境六**

小润同学刚学执笔写字，可他有一支"倔强的铅笔"，写出来的字总是不能很"听话"地跑到田字格里去，笔画都写得歪歪扭扭。小润越着急越写不好字，甚至开始在纸上乱画一通……

A. 刚开始写不好是正常的，我们先做个"画圆"小游戏吧！看看这一行你能画几个小圆圈到格子里。

B. 果然是这支铅笔的问题，我们买一盒铅笔再试试。

C. 字要多练习才能写好，来，把这本字帖临摹了。

参考答案

选择正确选项将得到一颗☆，您可以请孩子涂上你们喜欢的颜色。

情境一	C	★
情境二	A	☆
情境三	B	★
情境四	C	☆
情境五	A	★
情境六	A	☆

测评结果

★★★★★★	荣获六颗☆，恭喜您顺利过关，荣获优秀家长荣誉称号。
☆☆☆☆☆	荣获五颗☆，您做得非常不错了。
★★★★	荣获四颗☆，还不错，再接再厉！
☆☆☆	收获三颗☆，还可以，继续努力哦。
★★	获得两颗☆，建议您再读读本章节的内容，相信下次会更棒。
☆	获得一颗☆，哎呀，是哪里遇到问题了吗？请您静下心来，跟随我们的文字和图片一起去感悟孩子成长的美好吧。相信再来选择时，一定会找到教育孩子的最好办法。

学而不思则罔，
思而不学则殆。
　　　　——孔子

思

一、情景再现

→ 镜头一

小月上小学了，唯独不喜欢数学，做作业时总把数学作业留到最后，对于平常额外要求做的一些数学练习题尤其抵触。每周二和周四的第一节是数学课，她总是磨磨蹭蹭不愿出门，甚至会谎称肚子疼，让我请假。

→ 镜头二

老师通过各种形式呼吁家长引导孩子大量阅读，我也意识到了阅读的重要性，给我家小西买了很多的课外书。可她却对这些"宝藏"视而不见。每次让她读书要不就打呵欠，要不就只翻看插图。读完后问她讲了个什么故事也说不出来，她的识字量也比别的小朋友少很多。

→ 镜头三

我家小诺接受能力特别强，只要是动口的读课文、背故事、算数都特别棒，但是一写作业，写出的字大大小小参差不齐，歪歪扭扭如同天书。不仅我和老师不认识，问他自己，他也不认识，我们都为此非常头痛。我训过，也骂过，都没有什么改变。

二、为什么要培"思"

孔子曰："学而不思则罔，思而不学则殆。"这句话是孔子所提倡的一种读书及学习方法。指的是一味读书而不思考，就会因为不能深刻理解书本的意义而不能合理、有效利用书本的知识，甚至会陷入迷茫。如果一味空想而不去实实在在地学习和钻研，则终究是沙上建塔，一无所得。告诫我们只有把学习和思考结合起来，才能学到切实有用的知识，否则就会收效甚微。今天这里说的"思"从学习兴趣和学习能力两个方面来探讨。

学习的成功 = 明确的学习意义 + 浓重的学习兴趣 + 勤奋刻苦。兴趣正是在不断求知的过程中培育出来的。越求知，学习兴趣越浓重；学习兴趣越浓重，求知欲越高，便如饥似渴地汲取知识，为创造美好的未来而努力奋斗。

学习能力是指能够进行学习的各种能力和潜力的总和，是人的一种一般能力，是人时刻需要的基本素质之一。儿童学习活动的效果和质量如何，主要取决于学习能力的强弱，缺乏学习能力的儿童是不能顺利完成学习任务的。学习能力是可以培养的，而儿童的学习活动正是培养学习能力的最基本途径和最佳机会。

三、家长该怎么做

第一，兴趣是最好的老师。

学习兴趣是儿童入学后主动学习、积极适应的内在动力。孔子曾说："知之者不如好之者，好之者不如乐之者。"从中可以看出兴趣在学习中有着不可忽视的重要性。从教育心理学的角度来说，兴趣是一个人倾向于认识、研究获得某种知识的心理特征，是推动人们求知的一种内在力量，可以说人的注意力、观察力、思维能力、记忆力乃至想象力都和兴趣有关，而且紧密相连。兴趣能使人的认识、理解记忆处于最佳状态。在兴趣中学习，

思维最主动、最活跃，智力和能力都能得到充分发展。进一步说，兴趣必然引起追求，而追求和研究就会导致对事物的深刻的认识和理解，甚至有所发明创造。许多有成就的科学家最初就是从兴趣开始他们的事业而直到成功的。数学家陈景润不就是对"哥德巴赫猜想"感兴趣而取得威震世界的成就吗？

第二，能力起决定因素。

孩子从幼儿园进入小学是一次重要的转折，孩子的学习环境、内容、形式以及生活方式和师生关系都发生了变化，社会的要求和家庭的期望也都发生了变化。一个6岁的学龄儿童，如果没有一定的学习能力，就很难适应这些变化，会出现哭闹、厌学、注意力不集中等问题。提起学习能力，很多家长首先想到的是和学习成绩相关的内容，这其实是一个误区。学习能力是孩子用丰富多彩的形式进行学习的一种能力。在幼小衔接阶段，它包括阅读力、专注力、注意力、手眼协调、有效倾听、语言沟通等多个方面。在小学低年级阶段，学习能力的培养对孩子的成长至关重要。

第三，实操训练，为您支招。

何为"思"？许多家长在教育孩子的时候，常常会出现这样一种情况：一方面要求孩子对待学习和生活中的问题要自己想办法解决；另一方面却

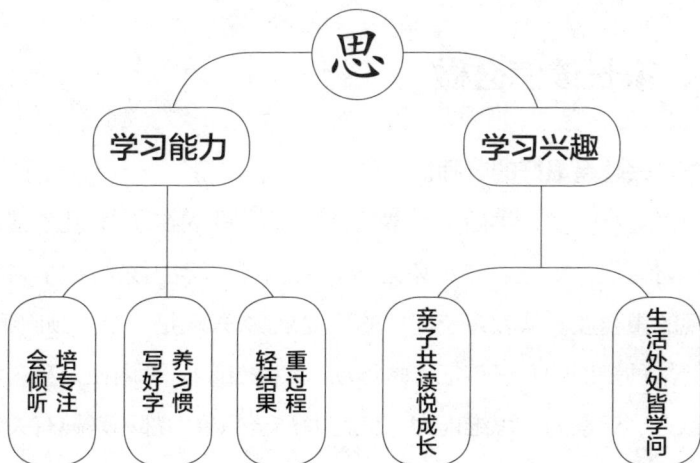

思

学习能力

学习兴趣

培养会倾听

养习惯写好字

重过程轻结果

亲子共读悦成长

生活处处皆学问

对孩子不放心，当孩子遇到问题的时候，总是怕孩子没有经验，自己不能解决问题，因而想方设法地帮助孩子解决。家长这种不信任孩子的做法，不仅让孩子形成心理上的惰性，还妨碍了孩子能力水平的提高。那么家长如何帮助孩子培养学习兴趣，提高学习能力，真正实现"思"呢？我们来为您支招。

（一）培养兴趣篇

1. 生活处处皆学问

镜头一中的小月每到周二、周四的异常表现引起了老师的注意。从课程表上，老师发现了其中的原因，周二和周四第一节都是数学课。她数学学习没有找到窍门，学习起来没有兴趣，导致成绩一直不理想，甚至对数学课产生了厌倦和抵触心理。

培养兴趣的方法是多种多样的，且各科各有特点。低年级的数学学习要在"玩中学、做中学、生活中学"，让孩子初步形成数字、空间、图形等意识，培养孩子简单的数学思维方式。家长在家庭教育中要为儿童提供丰富、可操作的材料。

您可以这样说、这样做——

（1）和孩子一起尝试用扭扭棒拗出数字，感知数字的形状。

（2）讲述数学小故事，带领孩子阅读数学绘本，培养孩子的学习兴趣。

（3）寓教于乐，让孩子在游戏中学习。通过带数字的拼图游戏，让孩子对于"数的顺序"有直观的理解。

（4）让孩子用家里已有的材料摆出数字，通过实际操作感受数字的加减运算，通过图形拼贴画感受图形之间的差异性。

（5）在日常生活中帮助小月积累数学经验，实际操作中积累运用不同策略解决加减运算问题的经验。

（6）去超市体验购物，对购买物品进行分类。了解每样物品的数量，进行简单计算。

游戏给孩子带来前所未有的体验感与成就感，通过这些简单、有趣的游戏，让小月对数学渐渐产生了兴趣，她周二和周四不再迟到了。她现在不但不再讨厌和害怕数学，而且已经深深地喜欢上了数学。

★小小锦囊①——有趣的数学游戏

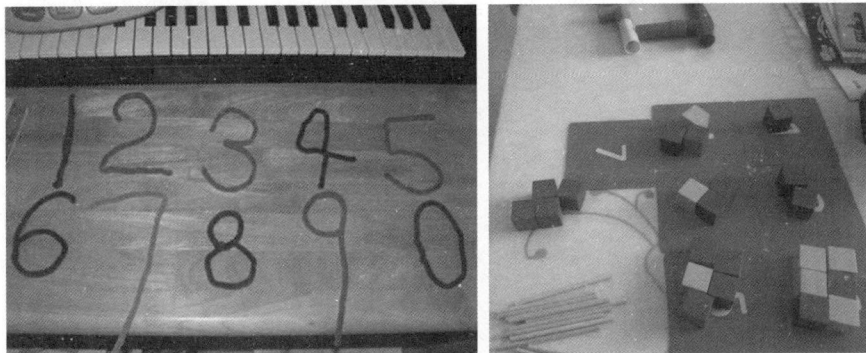

有趣的数学游戏

2. 亲子共读悦成长

随着"大阅读"时代的到来，阅读能力已然成为孩子学习能力中一个极其重要的方面。要提高阅读能力，对于刚入学的孩子来说，首先要激发他们的阅读兴趣。镜头二中的小西就是一个对阅读缺乏兴趣的孩子，要让孩子喜欢阅读，家长首先应该为孩子营造良好的阅读氛围，以身作则，坚持阅读，做好榜样示范。进行亲子共读，培养儿童热爱阅读的良好习惯。鼓励和支持儿童在生活和阅读中识字。您可以这样做——

（1）每周一次带孩子去图书馆阅读。

（2）和孩子一起进行亲子阅读、角色表演。

（3）设立家庭阅读角，和孩子一起约定好家庭亲子阅读时间，享受美好的阅读时光。

（4）和孩子一起分角色指读，在阅读中识字，鼓励孩子认读故事中的常见字。

（5）将家中的食品包装袋上的字裁剪下来，进行集字游戏。

通过以上亲子活动的开展，让孩子在轻松愉悦的氛围中培养阅读兴趣，提高阅读理解能力，并在阅读中进行了简单的识字，为进入小学打下了良好基础。

★小小锦囊②—— 一年级学生课外阅读书单

青岛西海岸新区一年级阅读推荐书目

一年级（上）			
序号	书名	作者	备注
1	《落叶跳舞》	伊东宽著	必读
2	《老鼠娶新娘》	刘宗慧 / 图　张玲玲 / 文	必读
3	《小猪唏哩呼噜》	孙幼军著	必读
4	《猜猜我有多爱你》	麦克·山姆布雷尼 / 文 安妮塔·婕朗 / 绘，梅子涵 / 译	必读
5	《小魔怪要上学》	玛丽·阿涅丝·高德哈 / 文 大卫·派金斯 / 图，李英华 / 译	必读
6	《团圆》	余丽琼 / 文　朱成梁 / 绘	必读
7	《第一次发现（濒临危机的动物）》	法国伽利玛少儿出版社 / 编，雨果 / 绘，王文静 / 译	选读
8	《大自然的声音》	吉尔贝特纳娅姆布尔热 / 文 茱利亚沃特斯 / 绘	选读
9	《今天，我可以不上学吗？》	袁晓峰 / 著　沈苑苑 / 绘	选读
10	《棉婆婆睡不着》	廖小琴 / 著	选读
11	《汉字的故事》（彩绘注音版）	郑培忠改编	选读

（续表）

12	《勇气》	伯纳德·韦伯/编绘，阿甲/译	选读
13	《小莲的花草四季》	克里斯蒂娜·比约克/文，莉娜·安德森/绘	选读
14	《我爱一年级》	丘修三/著	选读
15	《吃书的狐狸》	弗朗齐斯卡比尔曼/著，王从兵/译	选读
16	《一年级大个子二年级小个子》	古田足日/著，中山正美/绘，彭懿/译	选读
17	《我的第一本安全护照》	刘劲松等/主编	选读
18	《世界上最脏最脏的科学书》	任淑英/著，金永权/译	选读
19	《儿童哲学智慧书全集》	斯卡柏尼菲/著	选读
20	《时间的故事》	Hye-Eun SHIN /著	选读

<table>
<tr><td colspan="4" align="center">一年级（下）</td></tr>
</table>

序号	书名	作者	备注
1	《读读童谣和儿歌》（全四册）	曹文轩 陈先云/著	必读
2	《小巴掌童话》	张秋生/著	必读
3	《逃家小兔》	玛格丽特·怀兹·布朗/文 克雷门·赫德绘，黄廼毓/译	必读
4	《小刺猬理发》	鲁兵/著	选读
5	《金波四季童话》（全四册）	金波/著	选读
6	《我有友情要出租》	方素珍/著，郝洛玟/绘	选读
7	《驴小弟变石头》	威廉史塔克/著绘，张剑鸣/译	选读
8	《狐狸爸爸鸭儿子》	孙晴峰/文，庞雅文/图	选读
9	《长大做个好爷爷》	奈杰尔格雷/著，瓦奈萨卡班/绘	选读
10	《神奇种子店》	宫西达也/著，林真美/译	选读
11	《蛤蟆爷爷的秘诀》	庆子·凯萨兹/著，马爱新/译	选读
12	《彼得兔的故事》	毕翠克丝·波特/著绘，任溶溶/译	选读
13	《跑跑镇》	亚东/文，麦克小奎/图	选读
14	《大脚丫跳芭蕾》	埃米·扬/著，柯倩华/译	选读
15	《月光下的肚肚狼》	冰波/著	选读
16	《菲菲生气了》	莫莉·卞/著，李坤珊/译	选读
17	《米莉的帽子变变变》	喜多村惠/著，方素珍/译	选读
18	《石头汤》	琼·穆特/著，阿甲/译	选读

（二）学习能力篇

1. 重过程，轻结果

在小学阶段，重视的是学习习惯和能力的培养，面对孩子的每次检测，家长需要做的是通过孩子的成绩看到在学习过程中存在的问题。所以在每一次考完试后，家长看到卷面后应该考虑的是这一阶段孩子的学习兴趣是否依然高涨、学习方法是否得当、学习能力是否得到提高。而不是仅仅关注分数。

对于父母来说，花更多的精力来帮助孩子提高学习能力，让他在一个轻松、快乐的环境中健康地成长，养成正确的考试心理尤为重要。您可以这样做——

（1）不要给孩子太大的成绩压力。家长平时对孩子要求太高，导致孩子心理压力比较大，考试的时候就会紧张，导致考试成绩不理想。

（2）创造一个轻松的考前环境，消除孩子的紧张心理。

（3）多和孩子谈心，了解孩子的想法。家长要和孩子交流一下是如何看待本次考试和自己成绩的，帮助孩子找到原因，解决问题。

（4）多鼓励、少责备。当孩子看到自己成绩不理想时，内心肯定是沮丧的。这个时候家长要理解体谅孩子，多鼓励孩子不要丧失信心。

（5）不盲目拿自己的孩子与别的孩子做比较，关注孩子在每次考试中进步的地方。

2. 养习惯，写好字

镜头三中的小诺是个聪明的孩子，各方面能力超出一般同学，但在书写方面让老师和家长颇为担忧。作为家长，您可以这样来应对——

（1）让孩子明确书写的意义。良好的书写习惯能提升自己的学习竞争力。一个人字写得好坏与否，对将来的学习、工作和生活都有很大的影响。家长可以用讲故事的形式帮助学生理解这个道理。

（2）培养孩子良好的书写习惯。养成观察习惯，先关注字的整体结构

再关注重点笔画，重点笔画反复练习，反复强化。

（3）督促孩子保持正确的坐姿和执笔姿势。正确的写字姿势能保证书写自如，提高书写水平。

（4）培养孩子具备良好的书写态度。好孩子都是夸出来的，要善于发现孩子的闪光点，哪怕孩子有一个字写得好，家长就要及时表扬鼓励孩子，使孩子在赞扬声中树立能把字写好的信心。

（5）给孩子创造温馨、舒适、独立的书写环境。

当然，要让学生练就一手好字，不是一朝一夕的事。只有从细微处入手，不断地坚持，才能提高学生的写字能力，进而提高整体素养。

3. 培专注，会倾听

倾听，对一个孩子来说，是一项与表达能力同样重要的技能，而专注力、观察力、记忆力同样是孩子学会倾听、提高课堂效力的基础。如何让孩子学会倾听、培养孩子的专注力、观察力、记忆力和思维能力呢？您可以这样说、这样做——

（1）行大于言，父母首先要学会倾听孩子。教会孩子倾听，父母要先从自己倾听孩子说话开始。倾听孩子，意味着放下自己已有的想法和判断，全神贯注地体会孩子的感受与需求。

（2）花时间训练，告诉孩子倾听他人的方法。父母在日常生活中要有意识地培养孩子的倾听能力。当孩子在听人说话心不在焉时，可以告诉孩子这是一种不礼貌的行为，会让说话的人感觉到不舒服。有时候孩子做不好，是因为他真的不知道该怎么办，那么父母除了告诉孩子"不可以"，一定要告诉孩子"怎样做才可以"。父母可以通过游戏的方式，跟孩子进行角色扮演，让孩子来进行不断地练习。慢慢地，孩子在生活中就自然而然地养成认真倾听他人说话的好习惯。当孩子做得好的时候，要及时给予鼓励："谢谢你刚才跟奶奶说话的时候，安静地坐着，看着奶奶的眼睛，并用点头、微笑的方式回答。你看奶奶多开心啊！"

（3）在游戏中反复训练。喜欢听故事、玩游戏是每个孩子的天性。家

长要多和孩子一起进行听故事、复述故事的练习；玩谈话游戏，随机给孩子出问题；在日常生活中引导孩子讨论感兴趣的话题，交流有趣的见闻；陪伴孩子进行下棋、绘画等能够静下心的活动，提高专注力，与孩子共同专心完成一件事情；利用卡片、拼图、七巧板、积木、折纸等，吸引儿童主动参与各项活动；还可以进行亲子观察力游戏。

幼小衔接阶段是孩子成长路上一个关键的分水岭，家长一定要从兴趣出发，培养好孩子的各种学习能力，才能帮助他们顺利度过这个阶段，更好地去迎接小学生活。

★小小锦囊③——写字姿势口诀图

写字时，坐端正，腰打直　　　利用拇指、食指、中指来执笔

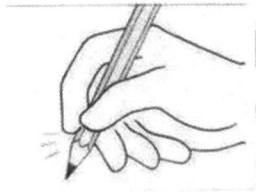

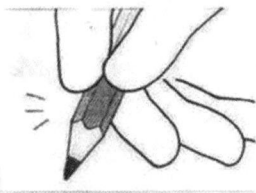

离笔尖三厘米，笔尖轻轻靠　　　前三指，带笔走

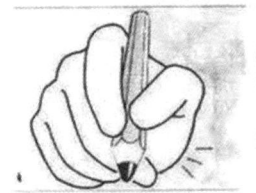

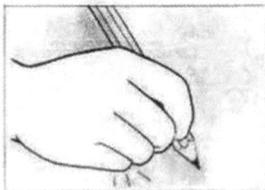

后两指，要稳定　　　两肩平，放轻松

写字姿势口诀图

四、小试牛刀

→ **情境一**

早饭后，彦彦说："妈妈，今天第一节又是讨厌的数学课，我不去了！"

A. 宝贝，那咱不急着去吧，咱去赶第二节语文课就行。

B. 不行！赶紧收拾东西上学，要挨揍是不是？

C. 宝贝，你知道今天数学课是第一节课，这也是数学知识，不学会数学咱生活可就不方便喽。妈妈知道，这一段时间的数学学习对你来说有些困难。妈妈愿意和你一起努力，好吗？

→ **情境二**

周日晚上 8 点了，在家里，小西的作业还没写完，着急了，又要开始龙飞凤舞地书写。

A. 快写，快写，写完好洗脸刷牙睡觉。

B. 孩子，下次我们定好闹钟提醒，写作业得早点动手，可不能到现在了慌慌张张地糊弄。

C. 认真写，今天就是不睡觉也必须把作业写好！

→ **情境三**

周二晚上，钟表的时针已经过了 11 点。小诺辗转反侧还没睡，她在愁着明天又是单元检测了，考不好又得不到小红花了，家长答应的肯德基也泡汤了。

A. 几点了你还不睡，你不上学？我们还得上班呢！

B. 宝贝，时间不早了，别想太多，只要我们努力了，无论多少分，爸妈都理解你，安心睡觉吧。

C. 快睡觉吧，你早干什么来？

→ 情境四

家长会结束后，老师把小虎家长单独留下来，跟小虎家长交流，小虎上课听讲不专心，跟小虎沟通困难。

A. 宝贝，不用管他们，咱该干吗干吗，只要你高兴就行！

B. 宝贝，老师说你在学校不太爱说话，我看你在家挺能表达的。咱们交流一下原因，好不好？

C. 你这孩子，上课不好好听讲，老师叫你回答问题怎么就不吱声了呢？这可不行。

→ 情境五

刚入一年级的青青在拼音拼读方面出现了困难，学过的复韵母不能正确区分，以致很多音节拼不出来。

A. 人家都会了，你怎么还不会？是不是上课没好好听讲？

B. 问清楚老师今天在校学习的内容，回家和孩子一起继续练习。

C. 我们一起来给家里的物品都戴上拼音"帽子"吧，我俩来比一比谁能最快拼出它们？

→ 情境六

小桐聪明又活泼，对一切都充满了好奇，一放学见到爸爸妈妈便化身为"十万个为什么"，总有问不完的问题。

A. 直接告诉孩子答案，分析原因。

B. 这真是个有趣的问题，那你是怎么想的？我们一起去书里找找答案好吗？

C. 你哪有那么多稀奇古怪的问题，还是先想想今天出错的单元检测题怎么正确解答吧。

参考答案

选择正确选项将得到一颗☆，您可以请孩子涂上你们喜欢的颜色。

情境一	C	☆
情境二	B	☆
情境三	B	☆
情境四	B	☆
情境五	C	☆
情境六	B	☆

测评结果

★★★★★★	荣获六颗☆，恭喜您顺利过关，荣获优秀家长荣誉称号。
☆☆☆☆☆	荣获五颗☆，您做得非常不错了。
★★★★	荣获四颗☆，还不错，再接再厉！
☆☆☆	收获三颗☆，还可以，继续努力哦。
★★	获得两颗☆，建议您再读读本章节的内容，相信下次会更棒。
☆	获得一颗☆，哎呀，是哪里遇到问题了吗？请您静下心来，跟随我们的文字和图片一起去感悟孩子成长的美好吧。相信再来选择时，一定会找到教育孩子的最好办法。

专注、热爱、全心
贯注于你所期望的事物
上，必有收获。

——爱默生

学

一、情景再现

→ 镜头一

总听好朋友说孩子到了六七岁的时候会有很多"为什么"，可是我家小溪很少问问题，平时有不懂的都是模棱两可地糊弄过去，从来不会深究；学习上也是这样，遇到难题不愿向别人请教。小溪总喜欢一个人在房间里，认为把作业做完就行了。老师也常常说小溪缺乏求知欲，不善于思考。

→ 镜头二

孩子上一年级了，老师经常强调专注力会极大地影响学习成绩，日常陪伴时要注意培养。可是我发现我家孩子常常把听到的话当耳旁风，做事的时候听到一点动静就会被吸引过去，把自己正在做的事情完全抛在脑后。我和他说话的时候，他似乎在认真听，可是眼神呆滞，说完了之后一问三不知，我真是很苦恼，不知道该怎么做才能让他更专注。

→ 镜头三

我家孩子做事完全没有计划，总是丢三落四，想起来什么就做什么。学习上也是这样，对回家后该做什么，心里都不清楚，常常在无关紧要的事情上浪费时间，耽误了做作业。明明作业量很少，经常拖拖拉拉一直做到半夜。

二、为什么要培"学"

美国心理学家詹姆斯曾说过："播下一个行动，你将收获一个习惯；播下一个习惯，你将收获一种性格；播下一种性格，你将收获一种命运。"孩子即将进入小学，在这幼小衔接的关键阶段，家长要帮助孩子做好学习适应方面的准备，培养孩子乐学好问的品质和优秀的学习习惯。

"知之者不如好之者，好之者不如乐之者。"好奇心能激发孩子的求知欲，是推动孩子主动学习、探求知识的内在驱动力，当下的社会是一个充满不确定性、多元化的社会，孩子们未来会面临更复杂的竞争环境。这需要他们用充分的想象力、大胆的探索精神去解决问题。而所有勇于实践、探索世界的行为，都源于他们的好奇心和求知欲。

持续稳定的专注力，能够使孩子更有效地观察事物，认识周围的世界，从而有效地学习。小学一节课的时间要比幼儿园长，需要孩子有一定的专注力。宁愿孩子专注 10 分钟，也不要三心二意的一小时。

幼小衔接中培养孩子做事有一定的计划性，有助于其任务意识和责任感的培养。孩子进入小学后会有很多的任务需要自己来完成，比如晚上要写作业，要准备第二天带的东西。如果孩子在幼小衔接阶段还是没有养成按计划完成任务的习惯，进入小学后，很长一段时间会记不住各种学习任务要求，会严重影响孩子的学习效果和积极性，打击孩子的自信心。凡事都有一个计划，孩子才会胸有成竹地把事情做好，从容应付生活中的突发事件。

三、家长该怎么做

第一，鼓励赞扬，创造氛围。

罗杰斯曾经说过："创造活动的一般条件是心理安全和心理自由，只有心理安全才能促成心理自由，也才能激发学习的创造性。"面对孩子源

源不断的提问，家长的回答、家庭的氛围很重要，任何不耐烦、敷衍和训斥的态度都会将孩子的好奇心和创造力扼杀在摇篮中。

刚刚上一年级的辰辰，每天放学回家都会缠着妈妈问各种各样的问题：天为什么会下雨？人为什么要吃饭？小猫为什么不能说话……辰辰妈妈上了一天班，身心有点疲惫，刚开始还三言两语打发了他，但他对回答不满意，又继续提问，辰辰妈妈就有些不耐烦地说："我也不知道，哪有那么多为什么，别烦我，一边玩去。"辰辰听了，脸一白，快快地离开了。辰辰妈妈虽然只是一时说了气话，但在孩子心中留下了恶劣的印象，积极性受到打击，求知欲望减少，在课堂中也呈现出不愿意提问题的状态。留意到孩子这一变化，我在家访时向辰辰妈妈提出了这个问题。辰辰妈妈也没想到自己的敷衍态度竟然带来这么严重的后果。我告诉她，回答孩子问题时可以先夸奖孩子。当孩子问"为什么"的时候，父母的最好回答是"孩子真棒，这个问题都想到了！那么你能不能先说说你的看法呢？""你提出的问题很好玩哦，你怎么能想出这么有趣的问题？"先对孩子的提问做出肯定和鼓励，然后询问孩子的看法，变相为自己赢取缓冲时间。这次家访之后，辰辰妈妈端正了对孩子提问题的态度，不管多忙多累，总是认真、耐心地回答，及时表扬孩子的好奇心，帮助孩子解决心中的"为什么"。辰辰的求知欲被大大激发，在学校中也更加活泼、好问。

孩子爱提问题，表明他的求知欲开始萌芽。家长首先要摆正自己的态度，面对孩子不能居高临下，应该"蹲下来"与孩子平等对话，会好好说话，才能良好地沟通。当孩子向家长提问，哪怕是很幼稚的问题，也证明了孩子在主动地思考问题，家长应该感到高兴，多鼓励，给予他充分肯定和赞扬，为他们创设心理安全和心理自由的氛围，引导孩子养成乐学好问的习惯，激发其对知识的追求。

父母要培养爱学习的孩子，自己首先要爱上学习；父母要培养具有优秀道德品质的子女，自己首先必须具备优秀的道德品质。孩子都具有模仿的天性，家庭是教育儿童的第一学校，父母的道德行为、学习习惯必然成

为孩子模仿的首选对象。因此，家长要敢为孩子树榜样，带头学知识、增技能、长智慧。父母不断地提升自我，能够给孩子营造出有学习氛围的家庭，这种行动教育的效果要远远大于所有的言语说教。

第二，巧用策略，习惯养成。

"少成若天性，习惯成自然。"要让学生对学习产生持久的兴趣和动力，必须培养学生良好的学习习惯。良好的习惯带来好的学习结果，良好的结果又反过来促进好习惯的保持，从而让孩子在正向循环中，避免挫折感，积累成就感，从而爱上学习。小学一年级是儿童形成各种习惯的最佳时期，在这一阶段重视培养良好的学习习惯，不仅直接影响学生的学习成绩，在一定程度上还影响其能力、性格的发展。

洋洋的家长为了让孩子安心学习，他们每天都把他的生活安排得面面俱到。可是一到写作业的时候，洋洋总是状况百出。一会儿削铅笔，一会儿摆弄钢笔，一会儿又去喝水，一会儿又小便……浪费了很多时间。好不容易坐住了，没写一会儿就走神了，开始在本子上涂涂画画，写出来的作业杂乱无章，经常会出现笔误或漏题的现象。洋洋的家长无计可施，只好向我求助。其实对于洋洋的情况，最根本的原因是没有形成良好的学习习惯，做事没有计划，没有时间观念。找到问题根源，我指导孩子妈妈对症下药，借助作息时间表，让孩子建立时间观念和规划意识，知道先做什么、后做什么。在引导孩子在写作业之前，先把喝水、上厕所之类的事情解决掉，把学习中所有要用到的文具、书本准备好，清除书桌上吸引孩子注意力的玩具，确保学习过程不中断，开启定时器，剩下的时间交给孩子专注学习。一段时间后，洋洋妈妈开心地告诉我，孩子现在已经形成了回家先写作业的习惯，他们再也不用为了作业问题"鸡飞狗跳"了。

良好的学习习惯是儿童自主学习的重要基础。入学初期儿童面临新的学习任务，巩固和强化良好的学习习惯比获取知识更重要。良好的学习习惯同浓厚的学习兴趣、正确的学习方法一样，在学习中起着重要的作用。学生一旦养成了良好的学习习惯，在没有老师和家长监督的情况下，也能

够自觉主动地学习。

　　第三，实操训练，为您支招。

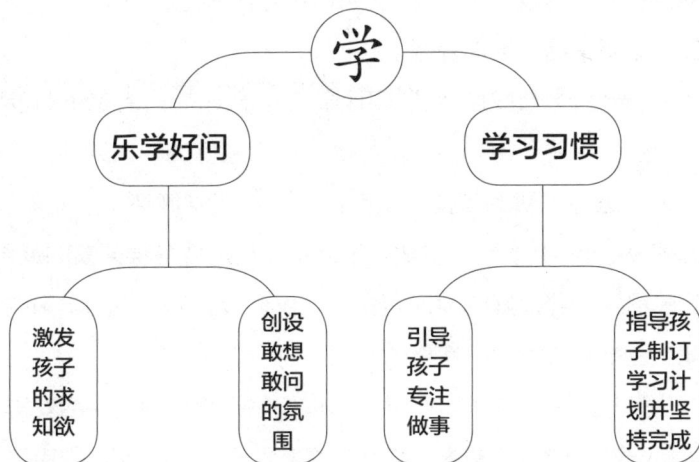

```
                    ┌─────────┐
                    │    学    │
                    └─────────┘
              ┌──────────┴──────────┐
        ┌─────────┐            ┌─────────┐
        │ 乐学好问 │            │ 学习习惯 │
        └─────────┘            └─────────┘
         ┌───┴───┐              ┌───┴───┐
    ┌──────┐ ┌──────┐      ┌──────┐ ┌──────┐
    │激发  │ │创设  │      │引导  │ │指导孩│
    │孩子  │ │敢想  │      │孩子  │ │子制订│
    │的求  │ │敢问  │      │专注  │ │学习计│
    │知欲  │ │的氛  │      │做事  │ │划并坚│
    │      │ │围    │      │      │ │持完成│
    └──────┘ └──────┘      └──────┘ └──────┘
```

　　何为"学"？从主观上喜欢学、乐于问，并以学习为乐趣，而不感到学习是一种负担，同时能够专注做事，有良好的时间管理能力，能按照计划做事。对于刚刚迈入小学生活的孩子，简单来说，就是培养乐学好问的品质和良好的学习习惯，那么，家长如何帮助孩子真正实现"学"呢？我们来为您支招。

（一）乐学好问很关键

　　1. 创设敢问想问的氛围

　　儿童天生好奇好问，好奇心、求知欲有助于儿童主动学习。

　　您可以这样说、这样做——

　　（1）耐心回答孩子的"为什么"。在很多家长的眼里，孩子提出的问题很幼稚、没有"营养"，但这些困惑都体现了孩子对于新鲜事物的好奇心。面对孩子的"为什么"，不要表现得毫无耐心，"不知道""我很忙"之类的话会严重打击孩子的信心。家长要拿出最大的耐心去帮助孩子，尽量使

用孩子能够听懂的语言来解答，而且孩子遇到解决不了的问题时，不要让孩子轻易放弃。

（2）鼓励孩子不懂就问。家长与孩子在日常交流中要鼓励孩子主动提问、不懂就问，用开放、包容的态度回应儿童的各种问题，肯定孩子提问的价值，如"这个问题很好，你是怎么想的呢？"先给孩子充分的思考时间和空间，不要急于给出答案。如果孩子提出的问题，父母也无法解答，不能不懂装懂、含糊其词，可以说"这个问题妈妈也很困惑，不如我们一起查查资料来解决它"。问题解决之后，不论孩子在其中参与了多少，都要肯定孩子提问、探究的主动性，给予积极评价。特别注意表扬一定要真诚，要有内容，不能每次都说"真好""真棒"，要具体说出孩子做得好的地方，如"宝贝真善于思考""宝贝通过查阅资料来解决了问题，真会学习"。

2. 激发孩子的求知欲

4～6岁是儿童创造力培养的关键期，而好奇心是创造力发展的起点，在幼小衔接阶段，保护孩子的好奇心、激发求知欲，是十分重要的。镜头一中的孩子不喜欢问问题，有不懂的地方都是糊弄过去，家长应注意发现孩子生活中有价值的问题，鼓励和支持孩子不断追问，持续深入探究。

您可以这样说、这样做——

（1）给孩子提供一些动脑、动手的机会。比如给孩子提供一些可以自由进行拆装的玩具。面对孩子的拆装行为，父母不要训斥，更不要怕弄坏了东西而粗暴阻止，应该用欣赏的眼光看待孩子，对孩子保持鼓励和赞许的态度，充分尊重他们、宽容他们。

（2）可以用假设的方法来激发孩子的求知欲，例如，外出游玩的时候让孩子观察水的流势，询问孩子水会往高处流吗。观察天空的时候提出疑问，星星、月亮为什么会发光。

★小小锦囊①——乐学好问测试表

乐学好问测试表

测试题	是（打√）	否（打×）
对不明白的事或现象，孩子总爱问"是什么""为什么"		
家庭中有好问的氛围，孩子的问题能获得积极的回应		
孩子对于问题能够不断追问，持续深入探究。		
会借助工具书、寻求父母帮助解决问题		
喜欢学习，能从中体会到乐趣		

（二）学习习惯要培养

1.引导孩子专注做事

孩子缺乏专注力会导致一系列问题出现：上课走神，拖拉磨蹭，贪玩好动，反应迟钝……镜头二中的孩子常常把听到的话当耳旁风，做事的时候听到一点动静就会被吸引过去，忘记了自己正在做的事情。和孩子说话，说完了之后一问三不知，这些都是专注力弱的表现。家长可以通过有趣味性、挑战性、合作性的活动或任务，锻炼和培养孩子的专注力。

您可以这样说、这样做——

（1）营造安静、简单的氛围。孩子阅读、识字时，应该远离嘈杂、热闹的地方，给孩子提供一张干净、整洁、平稳、有足够空间的书桌，书桌的位置不要面向床，学习环境的布置不要太花哨，把玩具、零食等可能吸引孩子注意力的物品摆放在孩子学习环境之外的位置。孩子专心做事的时候，家长要把手机放在别处，设置成静音，同时家长要注意言传身教，当孩子在专心做事时，家长最好坐下来做些安静的活动，能起到榜样示范的作用。

（2）不随意干扰打断孩子。有些老人心疼孩子，总是在孩子做作业时喂孩子吃东西，还一边喂一边说："你写你写，我不耽误你，我喂你吃。"这样的打断看似好意，其实是破坏了孩子的专注力，使得孩子很难集中精神做一件事，可谓百害而无一利。最好的方式是孩子专注于某一件事，或

玩某一样物品时，哪怕孩子出错了，也要克制住内心的冲动，不要在旁边走动甚至打断孩子，鼓励孩子坚持玩，不要轻言放弃，这样有助于延长孩子的注意力时间。

（3）采用游戏形式培养孩子的专注力。游戏是孩子喜欢的活动，它能引发孩子的学习兴趣，使孩子感到身心愉快，可以选择如下方法。

①观察变化。在桌子上放4～5样玩具，让孩子看1～2分钟，然后请孩子把头转过去。家长拿掉其中一个玩具，再让孩子转过头来，要求他说出桌子上的变化。可以增加游戏难度，如玩具的数量多一点，拿掉玩具后再把留下来的玩具位置调换一下；可以逐步缩短观察的时间。做游戏时，如果家长和孩子轮流出题目，家长还可以故意出错，让孩子发现并给你纠正，这样孩子的积极性会更高。

②复述故事。一般孩子都比较喜欢听故事，所以家长还可以让孩子自己听录音故事来培养专注力。在听故事前先提出几个问题，让他带着问题听，听完后回答你的问题。还可以要求他边听边记住故事的内容，然后把故事复述给家长。以后要求逐步增加，如让孩子模仿人物的动作，绘声绘色地讲述，并且故事的篇幅要越来越长，内容要越来越丰富。

③拍球数数。游戏当中大人或孩子拍球，让别的孩子数数，每拍一下就计数一次，拍到一定次数时突然停下，看孩子能否说对拍球的总数。

④复述图画。让孩子在有限的时间内观察一张或一组有趣的图画，然后移开，让他尽可能详细地描绘出所见到的画面。

⑤闪卡训练。写一串数字给孩子看2秒钟后拿开，让孩子重复说一遍，并倒着说一遍，数字的数量要逐渐由少到多。拿5张卡片，让孩子看清楚后翻转，再简单地调换位置，让孩子说说这几张卡片的最初顺序。

⑥走迷宫、找不同。给孩子做一些走迷宫练习或者让孩子自己动手制作迷宫，训练孩子的观察力和手眼协调能力。借助"找不同"类图书，让孩子找出两幅略有差别的图的不同之处。也可以借助生活中的物品来找不同，如找两个橘子，看看两个橘子有什么相同和不同的地方，注意引导孩

子从颜色、大小、重量、味道、形状等多个方面进行比较。也可以找两个不同的水果，比如苹果和橘子，从多个角度找找两个水果的相同点和不同点。

★小小锦囊②——走迷宫、找不同游戏参考

走迷宫   找不同

2. 指导孩子学习制订计划并坚持完成

如果一个人做事没有计划，想到哪儿做到哪儿，往往会一团糟；孩子是一株小树，要想长成参天大树，借助计划管理时间、合理分配时间，显得尤为重要。镜头三中的孩子做事没有计划，总是丢三落四，想起来什么就做什么。回家后该做什么，心里都不清楚，常常在无关紧要的事情上浪费时间，耽误了做作业，明明作业量很少，却常常拖拖拉拉一直到半夜。这些都是因为没有计划，不会合理分配时间，因此家长要帮助孩子形成做事有计划、有条理的生活方式。

您可以这样说、这样做——

（1）告知做事的顺序和规划，让孩子感受计划。如吃饭前，告诉孩子我们一会儿要吃饭，现在需要收好图书或者玩具，然后洗手，最后坐到桌子前；再如出门前要带上水杯，换好鞋子，锁上门等。即便是孩子已经

熟悉的事情，家长也要有意识地告诉孩子整个流程，帮孩子感知做事情的先后顺序。

（2）兴趣入手，学会计划。这一时期的孩子都很喜欢劳动，帮大人干活，所以家里大扫除时，可以请孩子想一想要打扫哪些地方，先打扫哪里，后打扫哪里，需要准备哪些工具等，以培养孩子做事有计划性。

（3）做好计划，坚持完成。和孩子一起用图画、符号、文字等自己喜欢的方式，制订一日生活计划表或任务清单，将每天都要做的事情按照实际情况和时间节点逐一列举，如，7：00之前起床，7：30之前独立完成穿衣、洗漱，8：00之前吃完早饭，阅读绘本30分钟……将其做成带有奖励机制的小星星计划表，贴在家中显眼的位置，时刻提醒孩子，让孩子清楚地知道每天的日程安排，并且指导和督促孩子在规定的时间内按时完成，逐步形成规律，培养孩子的时间管理能力。

（4）给孩子适当奖励，提高积极主动性。比如，孩子做得好，就给他贴一个小星星，然后小星星累积到一定的数量时，可以兑换某些他喜欢的东西，比如半小时电视时间，买盆植物，买只小动物。孩子喜欢的东西不同，我们的奖励最终不一定要归结到物质上来，比如，孩子喜欢下跳棋，爸爸就可以陪孩子下一盘跳棋，作为对他的奖励。建议只做奖励的记录，不做惩罚记录。孩子做得不好的地方，就在计划表上空着。孩子看到空着，自己会知道做得不好或不对，内心的愧疚感会鞭策孩子下次自觉地做得更好。

（5）帮助孩子克服畏难情绪。当孩子遇到困难，出现畏难情绪时，不要急于干预，鼓励他们自己尝试解决问题；不能独立解决时，家长要耐心引导，鼓励孩子克服困难，同时给孩子一些"关键的小提示"，让孩子获得从畏惧退缩到克服困难、获得成功的那种舒畅的情感体验，从而明白坚持的意义。

★小小锦囊③——生活计划表参考

儿童作息时间表

① 时间安排　　　③ 完成任务每日奖励

② 每日完成内容　　④ 休假时间学习安排

★小小锦囊④——学习习惯测试表

学习习惯测试表

测试题	是（打√）	否（打 ×）
别人讲话时认真倾听并理解		
在大人不干涉的情况下，能专注地做事至少 15 分钟		
听完故事后，能回答故事中的问题		
能用自己的话复述熟悉的故事		
看图时，能找出两幅略有差别的图的不同之处		
能顺利完成走迷宫类练习		
理解一天中的基本时间		
了解一天的大致日程安排		
做事之前会思考先后顺序		
有一日生活计划表，并基本能坚持完成		
遇到困难会克服，不轻易放弃		

孩子的好问是非常可贵的，因为好奇，孩子才会好问。认识到这一点，家长应该竭尽全力为孩子创设敢想敢问的氛围，激发孩子的求知欲。同时，良好的专注力和学习习惯都是小学生必备的素质，运用有效的策略，帮助孩子专注、有计划地做事，能让孩子更快地适应小学生活。

四、小试牛刀

→ 情境一

周末，你带孩子去公园玩儿，孩子看到流水询问为什么水往低处流？

A. 问这干什么，好好看景色吧！

B. 你这个问题真没有意义，水就是应该往低处流。

C. 宝贝真善于思考，回家后我们可以找相关的书来仔细研究。

→ 情境二

回家后，你看到孩子正拿着螺丝刀拆卸家里的闹钟。

A. 你在干什么？又在搞破坏？！

B. 闹钟有什么好看的，今天的作业完成了吗？

C. 孩子你是想了解闹钟的内部吗？妈妈也很好奇，你一会儿可以和妈妈说说你的发现吗？我们还可以用小盒子把拆分的零件摆整齐。

→ 情境三

夏日炎炎，孩子正在专心致志地拼搭乐高，你看到孩子额头上沁出了汗水。

A. 孩子正在专心做事，不能打扰，玩儿完之后再提醒。

B. 提醒孩子，宝贝擦擦汗吧，再喝点水，吃点水果。

C. 拿起抽纸，直接过去帮孩子擦汗。

→ 情境四

孩子就要上小学了，需要给孩子布置适合的学习房间。

A. 小孩子的房间一定要五颜六色，挂上各种各样漂亮的装饰品，摆满玩具。

B. 学习的房间不能太花哨，布置得简洁一些，摆上合适的桌椅和工具书。

C. 孩子就在客厅学习就行，我玩儿手机的时候方便监督他。

→ 情境五

孩子做事没有计划，每天都要家长叮嘱、催促着才能完成每天的日常活动，而且经常拖拖拉拉。

A. 你怎么又在磨蹭，快吃，一会儿要出门了。

B. 孩子，我们每天都有一些要做的事情，如果不能按时完成就会耽误其他的事情。不如我们来列一个计划表，看看每天都有哪些事情要做，规划一下。

C. 孩子这毛病都是让老人惯的，没法儿改了。

→ 情境六

孩子刚开始学习乐器，因为背不过曲谱总是出错、弹不好，告诉你不想学了。

A. 孩子，不管学什么都是要付出努力的，坚持下去，妈妈相信你是有毅力的孩子，一定能克服困难。

B. 算了，这个乐器太难了，我们换个简单的学吧。

C. 不行，必须得学，这个乐器这么贵，而且妈妈交了一年的学费，你要是不学了那不浪费了？！

参考答案

选择正确选项将得到一颗☆，您可以请孩子涂上你们喜欢的颜色。

情境一	C	★
情境二	C	★
情境三	A	★
情境四	B	★
情境五	B	★
情境六	A	★

测评结果

★★★★★★	荣获六颗☆，恭喜您顺利过关，荣获优秀家长荣誉称号。
★★★★★	荣获五颗☆，您做得非常不错了。
★★★★	荣获四颗☆，还不错，再接再厉！
★★★	收获三颗☆，还可以，继续努力哦。
★★	获得两颗☆，建议您再读读本章节的内容，相信下次会更棒。
★	获得一颗☆，哎呀，是哪里遇到问题了吗？请您静下心来，跟随我们的文字和图片一起去感悟孩子成长的美好吧。相信再来选择时，一定会找到教育孩子的最好办法。